创造客户需要的产品和服务开始于……

价值主张设计

作者
亚历山大·奥斯特瓦德
伊夫·皮尼厄
格雷格·贝尔纳达
艾伦·史密斯

设计
崔西·帕帕达克斯

WILEY

strategyzer.com/vpd

1. 画布

1.1 客户概况　10
1.2 价值图　26
1.3 契合　40

2. 设计

2.1 创建原型可能性　74
2.2 出发点　86
2.3 了解客户　104
2.4 做出选择　120
2.5 发现正确的商业模式　142
2.6 在现有的组织中设计　158

3. 测试

3.1 测试什么　188
3.2 一步一步测试　196
3.3 实验库　214
3.4 汇集所有片段　238

4. 发展

达成一致意见　260
衡量和监测　262
不断改进　264
不断重塑自我　266
淘宝：重塑电子商务　268

术语表　276
核心团队　278
首批读者　279
作者简介　280

如果你曾遭受如下痛苦，
你一定会爱上价值主张设计……

被真正的价值创造压得喘不过气

有时你感觉：
- 应该有更好的工具来帮助你为客户和公司创造价值。
- 也许你正在从事一项错误的任务，并且对下一步感到不确定。
- 掌握客户的真正需求是如此困难。
- 你从潜在客户那里获得的数据和信息过多，不知道如何组织它们。
- 超越具体的产品和特性，深入了解客户的需求，进行价值创造是一项巨大的挑战。
- 就像拼图游戏，你缺少一个总图来把那些杂乱的碎片匹配在一起。

被没有效率的会议和目标不一的团队搞得筋疲力尽

你一定遇到过这样的团队：
- 缺乏共同的语言和对为客户创造价值的相同理解。
- 被许多没有很好组织的、无效率的闲谈会议而困扰。
- 没有清晰的过程和工具来进行工作。
- 更多地集中于技术、产品和功能，而不是客户身上。
- 让人筋疲力尽的会议却没有什么清晰的结果产生。
- 目标不一致。

参与被远远夸大的项目

你一定看到过这样的项目：

- 投入很大的、赌博性质的项目最后失败，浪费了很多钱。
- 投入很多的人力、物力来完善一个商业计划，直到最后认识到，若要真实地投入运行只是一个幻觉。
- 花了很多时间制作一个详细的电子表格，最终都完成了，却被证明是错误的。
- 花费了很多时间来形成和讨论一个想法，却没有同客户和利益相关者一起来测试它。
- 认为观点比从现场收集的数据更重要。
- 缺乏清晰的程序和工具来使风险最小化。
- 使用过时的流程来运营业务而不是开发新的创意。

为一个好想法的失败而失望

获得"从失败到成功"的海报

价值主张设计将有助于你成功……

理解价值创造模式

以简单的方式整理客户相关信息，以使价值创造模式清晰明了。最终你将直接以客户最迫切、最重要的工作为目标，更有效地设计价值主张和盈利的商业模式。

获得清晰明了的模式

平衡团队中的经验和技术

通过策略性的交谈、创新练习以及行动上的协调一致，使你的团队有共同的语言以克服无效沟通。这将使会议更加友善、充满活力，产生更多给客户和商业创造价值的可行性方案，而非仅仅关注于技术、产品和特点。

使团队行动协调一致

避免无效创意的时间浪费

为降低失败风险,测试商业创新潜在的、最重要的假设,这将使你在追求大胆创新时避免耗尽资源。塑造新的创新过程对你现有的过程将是有用的补充,能帮助你运转业务。

降低失败风险

设计、测试和交付客户所期望的东西

获得"从失败到成功"海报

我们的价值主张

每页页边的链接指向在线手册中的资源。

关注商标

Strategyzer

跟踪这些网上链接

🏃 练习，

🖊 工具/模板，

📄 海报和其他更多内容。

提示：为能够访问这些价值主张设计的独家在线资源，你需要证明你拥有这本书。将此书放在你附近，以便帮助你回答一些隐私性的问题来证明你确实拥有这本书。

价值主张设计书
+
价值主张设计在线手册

Web App+在线工具和课程

使用工具和课程进行深入学习

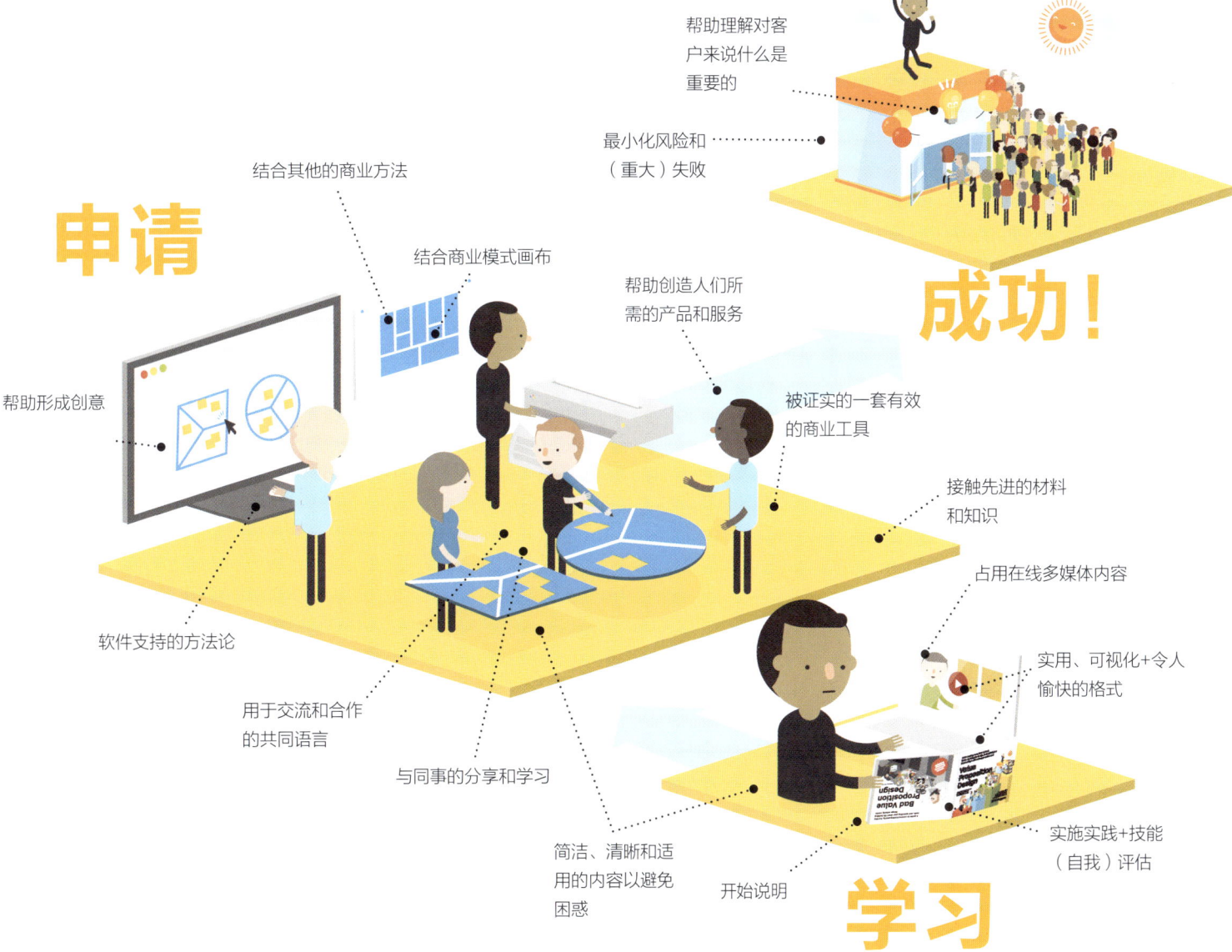

价值主张设计的工具和过程

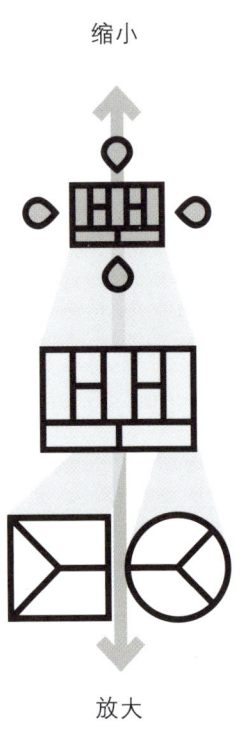

缩小

放大

画布

工具

设计 / 测试

搜索

价值主张设计的核心是应用不同的工具寻找客户所需的价值主张，并在后期的搜寻中始终与客户需求保持一致。

价值主张设计展现了你如何应用价值主张画布反复搜寻客户想要的、好的价值主张。价值主张设计是一个永无止境的过程，你需要不断更新你的价值主张以使其与客户相关联。

进展

通过系统地运用适当的工具和流程来管理价值主张设计中混乱、非线性的过程并降低风险。

发展

后期搜索

Design Squiggle adapted from Damien Newman, Central

一套完整的工具

价值主张画布是此书的核心工具。价值主张画布使价值主张有形、显而易见、易于讨论和管理。它完美地与商业模式画布和环境图这两个工具相结合（在《商业模式新生代》[一]中详细讨论了这两种工具），共同奠定了商业工具的基础。

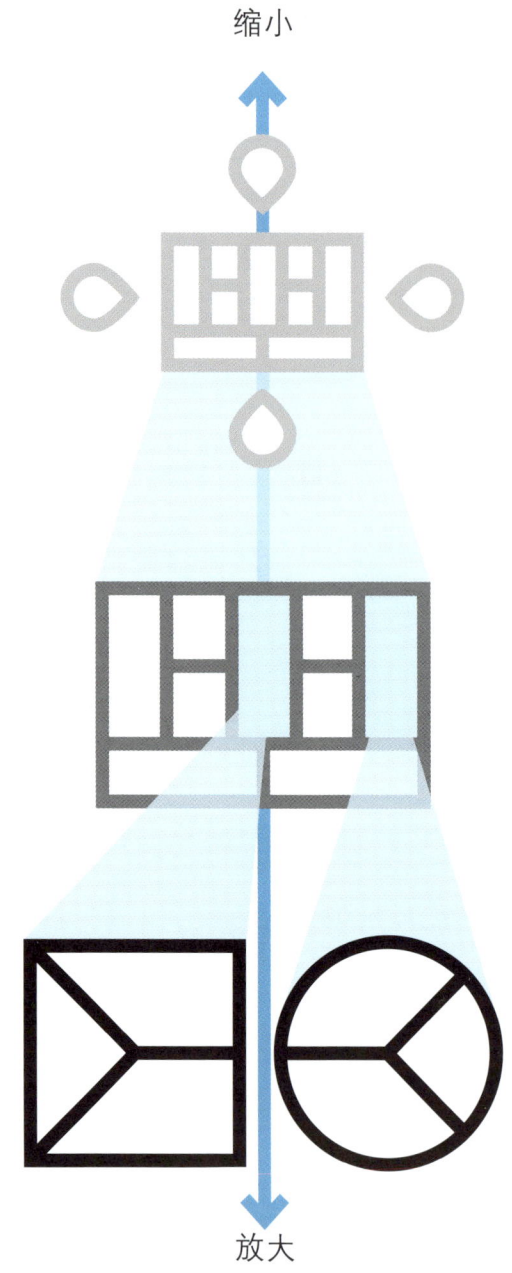

价值主张画布放大了商业模式画布中的两大构件。

[一] *Business Model Generation*, Osterwalder and Pigneur, 2010.

环境图
帮助你了解所创造的情景

商业模式画布
帮助你创造商业价值

价值主张画布
帮助你为客户创造价值

商业模式画布

将价值主张嵌入可行的商业模式中以获取组织价值。如此一来，你能使用商业模式画布来描述你的组织是如何创造、交付和获取价值的。商业模式画布和价值主张画布完美地融为一体，价值主张画布像商业模式画布的一个插件，将放大创造客户价值的细节。

本页的商业模型画布对于本书以及创造好的价值主张来说已足够。如果你想对此进行更深入的了解，请访问在线资源或参见《商业模式新生代》，它是此书的配套书。

客户细分
是公司或组织用特定的价值主张来获得或为其创造价值的一群人或组织。

价值主张
基于一些能为客户创造价值的产品和服务。

渠道通路
描述通过沟通、分销和销售，价值主张是如何沟通和交付给客户群的。

客户关系
概述与每个客户群建立和维持了何种关系，解释如何获得客户和如何维持客户。

收入来源
指由于向客户群成功提供了价值主张而获得的收益。组织是如何以客户愿意支付的价格获取收益的。

核心资源
对提供和交付上述所描述项目所需的最关键资产。

关键业务
组织有效运行所需的最重要的活动。

重要合作
外部资源和活动中所引进的供应商和合作伙伴。

成本结构
描述在商业模式运作中所产生的所有成本。

利润
从总的所有收入来源中减去总成本。

⊖ *Business Model Generation, Osterwalder and Pigneur, 2010.*

商业模式画布

为谁设计：   由谁设计：   日期：   版本：

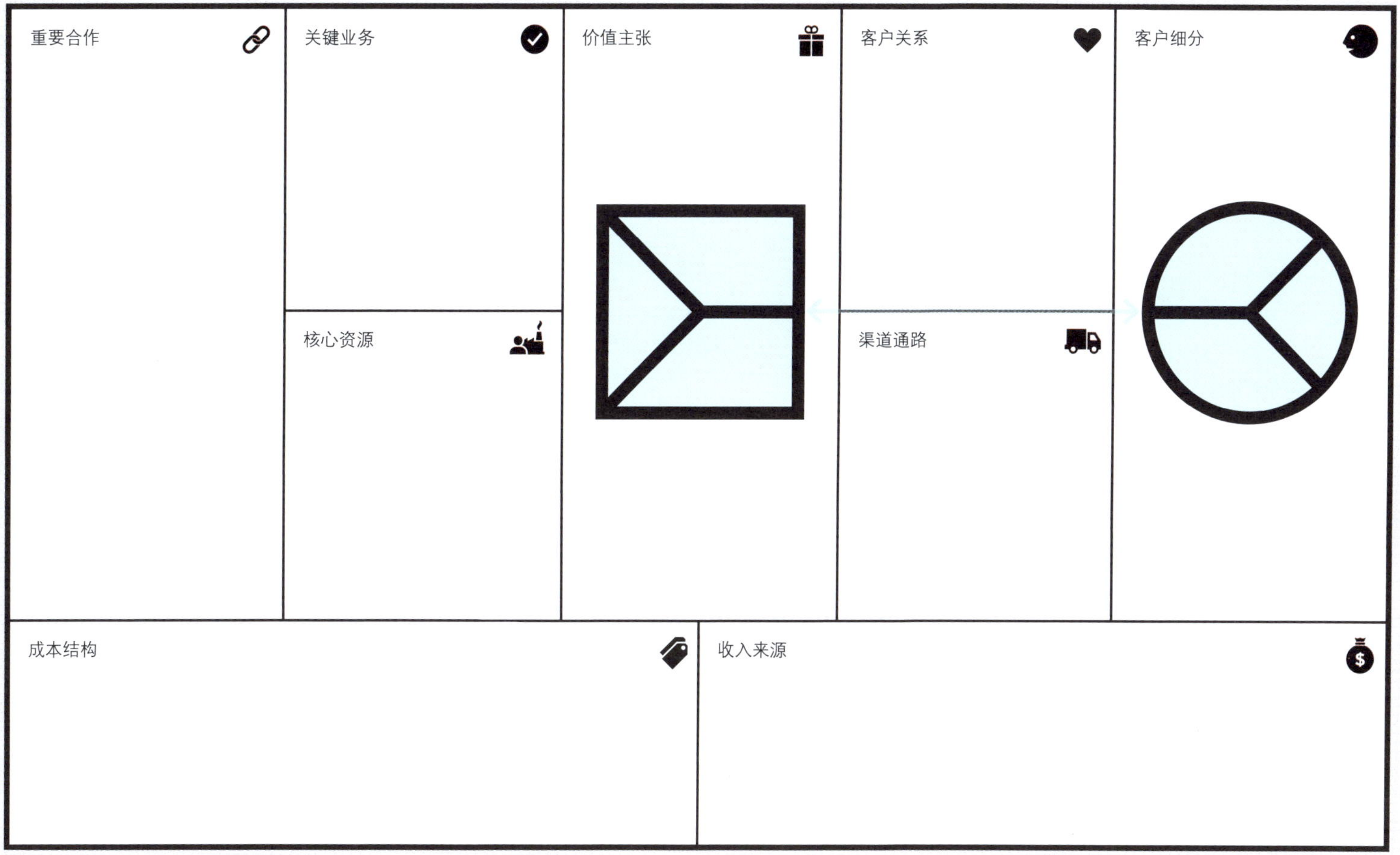

重要合作 🔗	关键业务 ✓	价值主张 🎁	客户关系 ♥	客户细分
	核心资源 🏭		渠道通路 🚚	

成本结构 🏷	收入来源 💰

XVII

价值主张设计 / 导论

 下载详细的商业模式画布解释和商业模式画布pdf

Designed by: Business Model Foundry AG
The makers of Business Model Generation and Strategyzer

strategyzer.com

价值主张设计是为……

你正独自白手起家进行创业或你正从业于某家公司？基于你的情况，有些事做起来会难些，有些则会相对容易些。

相对于就职于现有企业的项目经理，一家新创企业的企业家需要应对不同的限制。本书中所列工具适用于这两类情况。基于你所在的起始点，你将按不同的方式来处理以平衡优势和克服不同的障碍。

新企业

个人或团队从零开始着手创建价值主张和商业模式。

主要挑战

- 出示有效的证据，证明你的创意在有限的预算下能实施。
- 管理投资者（如果你的创意能大幅度扩展）。
- 在找到正确的价值主张和商业模式前，面临资金短缺的风险。

主要机会

- 使用快速决策和灵活的优势。
- 借助所有权的动力，作为项目成功的驱动因素之一。

既定组织

现有公司内的团队，着手于改进或创造价值主张和商业模式。

🎯 获得"在既定组织内的创新"海报

主要机会

- 建立在现有价值主张和商业模式上。
- 借助现有资产（销售、渠道、品牌等）。
- 建立商业模式和价值主张组合。

主要挑战

- 得到高层的认可。
- 获取现有资源。
- 管理产品相互替代。
- 规避风险。
- 克服死板和缓慢的过程。
- 以巨大的胜利推动变化。
- 管理创新者职业风险。

使用价值主张设计用于……

创新和改进价值主张。用于管理和更新价值主张（和商业模式）研究所需的工具，将价值主张和商业模式用于在组织内创建一种创造价值的共同语言。以持续创造和改进价值主张来满足客户的需求，这是永无止境的工作。

创新

运用合适的商业模式创造人们所期望的、新的价值主张。

XXI 价值主张设计 / 导论

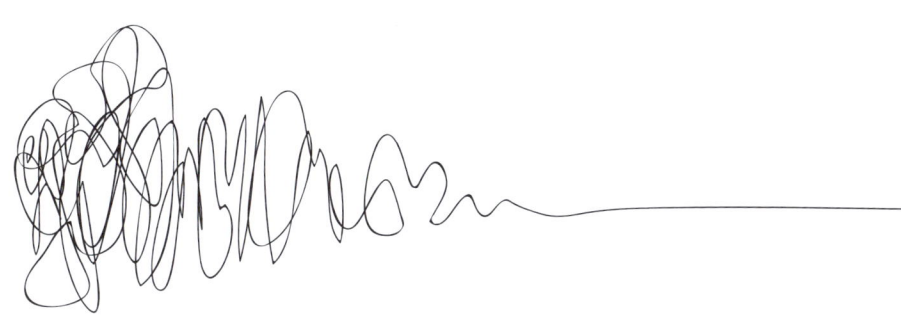

改进

管理、测量、挑战、改进和更新当前的价值主张和商业模式。

评估价值主张
设计技能

完成在线测试，评估你是否拥有进行成功价值主张设计所需的态度和系统化技术。

在线完成技能测试

创业知识

你非常喜欢尝试新事物。你未能看到失败的风险，这也是学习和进步的一个机会。在战略和战术方面，你能熟练驾驭。

工具技能

你系统地使用价值主张画布、商业模式画布、其他工具与程序来搜寻价值主张和商业模式。

设计思维技能

在选择和优化一个特定方向前,你要考察多种方案。你要能够适应价值创造的非线性和迭代性特征。

客户同理心

你从客户的角度进行考虑,更多聆听客户的心声而非只向客户进行推销。

实验技能

你系统地寻找支持你想法的证据,对你的观点进行佐证。你在前期的佐证过程中能学到哪些是有效的,哪些是无效的。

向你的同事推销价值主张设计

我是……

- 非常担心我们对产品及其特性关注过多，而忽略了为客户创造价值。
- 在开发新产品价值主张时，非常惊讶地发现产品开发、销售及市场基调非常不一致。
- 担心我们对新的价值主张和商业模式开展过程没有方法进行跟进。
- 非常惊讶地知道我们经常做出些没人想买的产品，尽管我们的创意和意图非常好。
- 最令人失望的是，在最后一次会议中我们谈了很多价值主张和商业模式但没有实质的结果。
- 最后一次对新的价值主张和商业模式所做的介绍非常不清楚，导致前功尽弃。
- 对商业计划中的好想法因未能进行测试而导致其失败时造成的资源浪费感到非常惊讶。
- 担心在产品开发过程中不能采用以客户为导向的方法。
- 我们对研发投入了很多，但对开发正确的价值主张及商业模式投入极少。
- 不能确定团队中的所有成员是否对什么是好的价值主张有共识。

因此，如果在下个项目中我们尝试价值主张画布（和商业模式画布）会是什么结果呢？

获得10个论据来论证如何使用价值主张和商业模式画布

布

价值主张画布有两面。客户概况（第10页）阐明你对客户的理解。价值图（第26页）描述你打算如何为客户创造价值。当客户概况和价值图相吻合时，你能在这两者之间实现契合。

价值主张设计 / 画布 / 1.0

创造价值

此价值主张能够使你的设计更加吸引客户。

定义
价值主张
描述客户从你的产品和服务中所期望得到的收益。

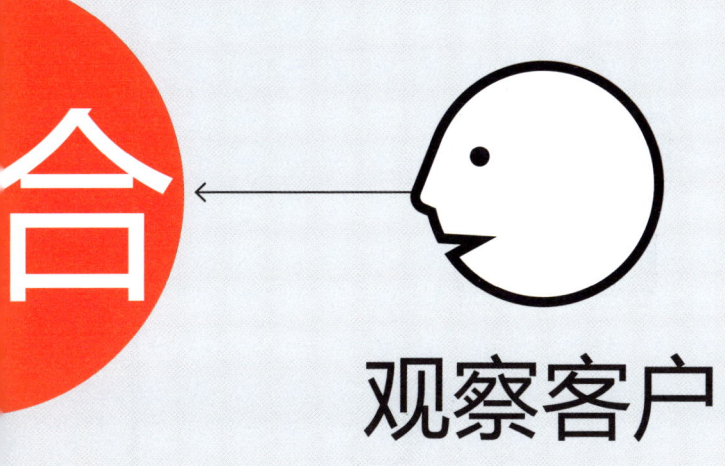

观察客户

基于市场假定、观察和验证的一套客户特性。

价值图

价值（主张）画布以更加结构化和细致化的方式描述了在你的商业模式里特定的价值主张的特点。它将你的价值主张拆分为产品和服务中对应的痛点缓释方案和收益创造方案。

收益创造方案描述了你的产品和服务如何为客户创造收益。

这是一份围绕**价值主张**讨论的所有产品和服务的清单。

痛点缓释方案描述了你的产品如何减少了客户的痛点。

收益描述了客户希望获得的结果
或正在寻找的具体收益。

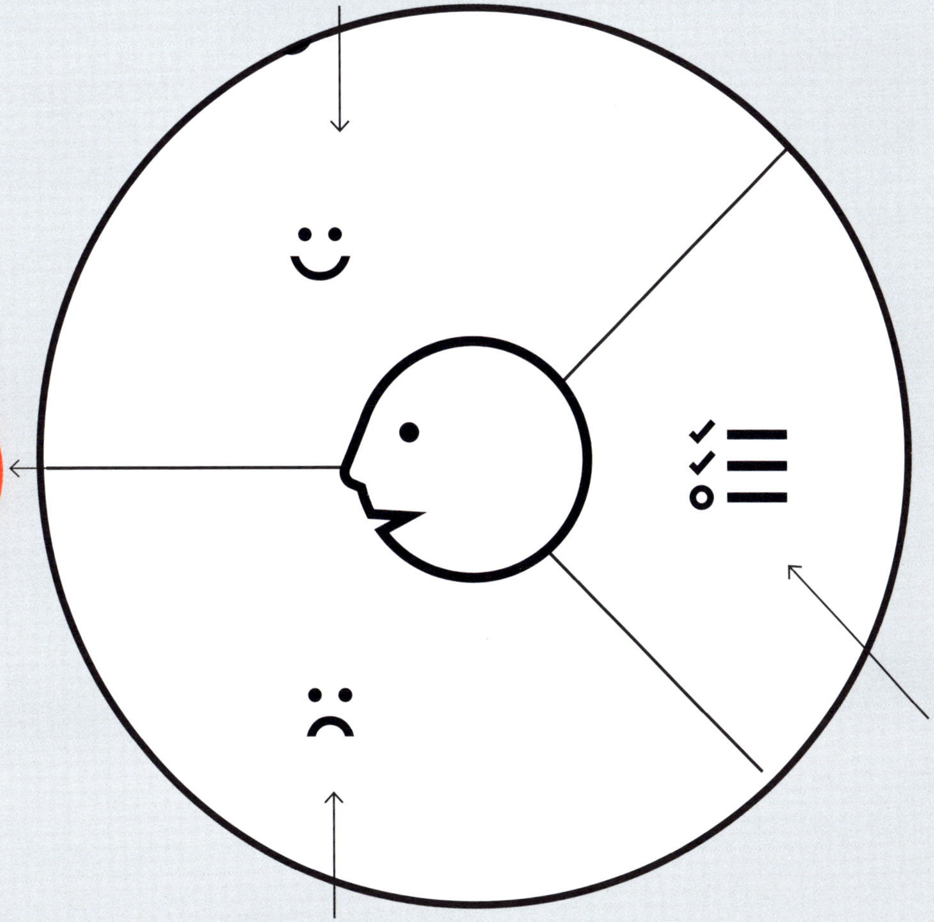

客户概况

客户概况以更加结构化和细致化的方式描述了
你的商业模式中特定的客户群。

客户工作以客户自身的语言描述
了他们工作和生活中正试图完成
的事项。

痛点描述了与客户工作相关的、坏
的结果、风险和障碍。

当你的价值画布满足了客户概况时，当你的产品
和服务产生了与客户工作、痛点、收益相匹配的
痛点缓释方案、收益创造方案时，那么你便获得
了契合。

价值主张设计 / 画布 / 1.0

1.1 客户概况

客户工作

工作描述了你的客户在工作或生活中正尽力完成的事项。客户工作可能是客户正在进行或尽力完成的工作、正尽力解决的问题或他们正尽力要去满足的需求。在进行此项调查时，请务必从客户的角度进行分析。从你的视角去分析你所认为重要的很可能未必是客户实际正尽力完成的工作。⊖

识别以下客户要完成的主要工作和辅助工作：

功能性工作

你的客户试图执行、完成特定的任务或解决特定的问题，比如修草坪、健康饮食、写报告或专业地帮助客户。

社会工作

你的客户想看起来气色好或有威望、有地位，这些工作描述了客户想呈现给他人的气质，比如作为消费者看起来很时尚，或者让人感觉非常专业、干练。

个人/情感工作

当你的客户寻求特定的，诸如感觉好、感觉安全的感情依托，比如作为投资的消费者寻求内心的平静，或在工作场所获得职业安全感。

支持性工作

客户也会从消费者及专业人员方面做一些采购和消费价值领域方面的支持性工作，这些工作来自以下三方：

- 价值购买方：与购买价值相关的工作，如报价对比、决定买哪类产品、准备结算、完成购买或接收所购买的产品或服务。

- 价值共同创造者：与你的组织共同创造价值的工作，比如发布产品评论及反馈或参与产品及服务的设计。

- 价值转移者：价值主张产品周期末端的相关工作，比如取消订购、报废产品、将产品转移或转卖。

⊖ *The jobs to be done concept was developed independently by several business thinkers including Anthony Ulwick of the consulting firm Strategyn, consultants Rick Pedi and Bob Moesta, and Professor Denise Nitterhouse of DePaul University. It was popularized by Clay Christensen and his consulting firm* Innosight *and Anthony Ulwick's* Strategyn.

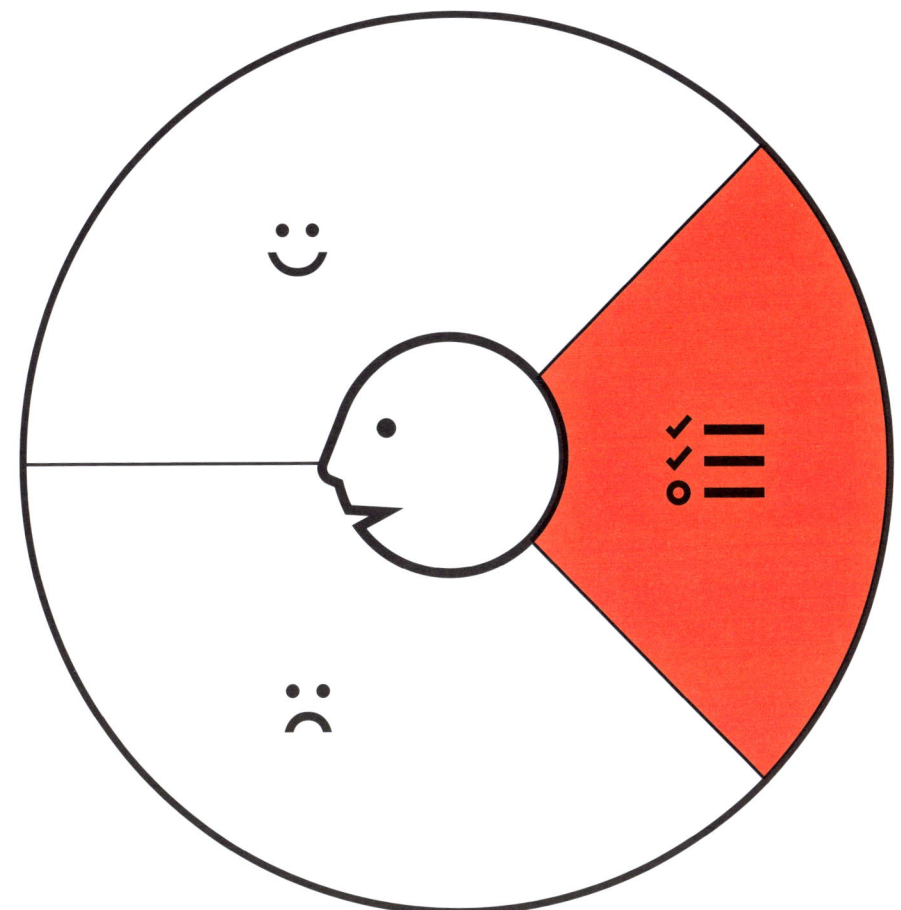

工作背景

　　客户工作的开展常常基于他们所处的特殊背景而进行。这些背景情况可能会存在某种约束或限制。例如，你在火车上旅行时给某人打电话和正在开车时给某人打电话是不同的，同样和你的孩子一起去看电影与和爱人看电影是不同的。

工作重要性

　　非常重要的认知是：对客户而言不是所有工作都具有相同的重要性。在客户的工作或生活中有一些更重要的事项，如不能完成的话将会导致严重的后果。有一些事项不重要，因为客户更关注其他事项。有时一个客户会认为一项工作很重要，因为它经常发生或因为它将会导致一些预期或不期望的结果。

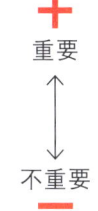

重要

不重要

下载启发性问题帮助发现客户的工作

客户的痛点

痛点是指妨碍客户完成工作或客户在完成工作过程中所产生的。痛点也是风险，换言之是潜在的不良结果与工作不能很好地完成有关。

试图将客户痛点划分为三类并且确认其严重度：

不想要的结果、问题及特性

痛点有功能层面的（例如，一个方案不起作用、运行不好或有其他负面影响）、社会层面的（做这事看起来不好）、感情层面的（每次我做这事时都感觉很差）或辅助层面的（真烦人，每次要为此去仓库）。这可能会牵涉客户不喜欢的、不想要的特性。

障碍

妨碍客户开始工作或使工作放缓的因素（例如，我没有时间精确地来完成此项工作，或我无力承受现在的任何一种方案）。

风险（不想要的潜在结果）

可能导致错误及有重大负面后果的事（例如，当使用此类方案时，我可能会失去信誉，或安全漏洞对我们来说是灾难性的）。

痛点严重度

与工作重要、不重要一样，客户痛点也会很极端或很一般。

建议：使痛点具体化

将工作、痛点、收益清楚区分，并尽可能地具体化。例如，当客户说"在线等待是浪费时间"，需跟踪了解具体到多少分钟的等待时间后，客户感觉是在浪费时间。以这种方式，你能备注"在线用掉××分钟是浪费时间"。当你了解如何准确测量客户痛点严重度时，你才能在价值主张中更好地设计痛点缓释方案。

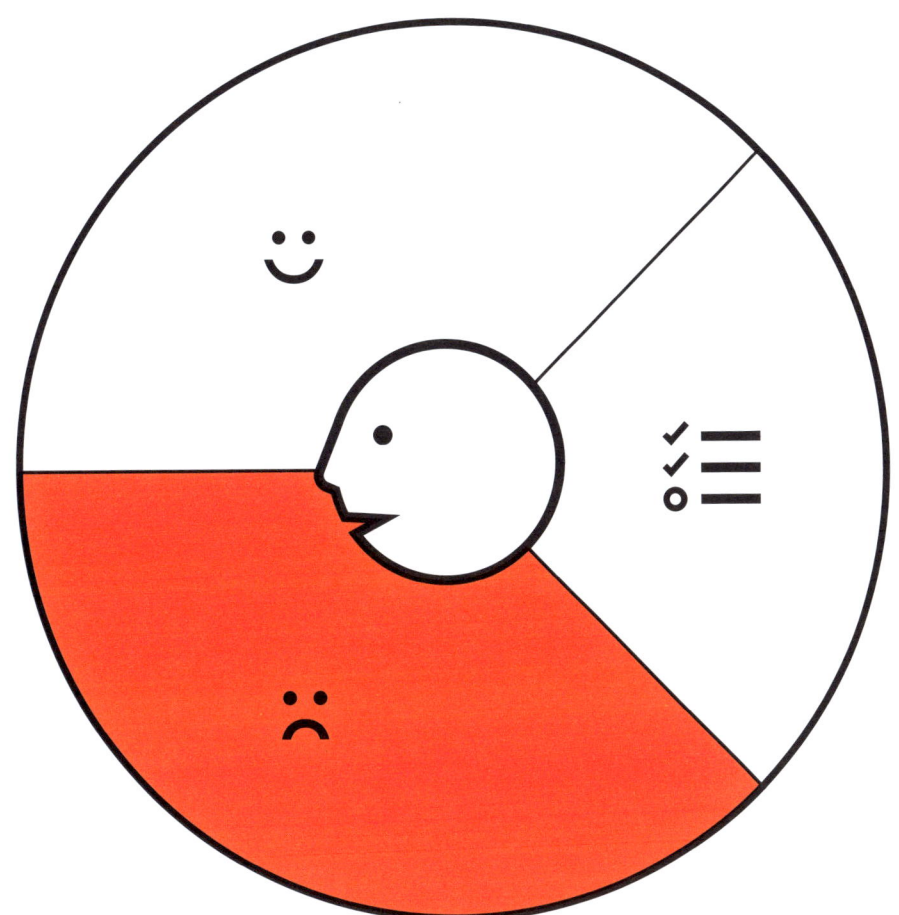

以下问题清单能帮助你考虑不同的潜在客户痛点：

- 在怎样的情况下，你的客户会认为太过昂贵？花费太多的时间，花费太多的金钱或需要大量的努力？
- 什么会使你的客户感觉不好？什么会使他们感到受挫、烦恼或什么是他们头痛的事？
- 现在的价值主张表现得如何不佳？哪些特性没有把握住？是否有惹恼客户的一些运行问题或客户列举的功能性失效？
- 客户所遇到的主要问题和挑战是什么？他们是否理解如何运作，完成某事所面临的困难或抗拒某项工作的特殊原因？
- 你的客户正面临或担心什么负面社会影响？他们担心失去面子、权力、信任或地位吗？
- 你的客户担心什么风险？他们担心财务、社会或技术风险吗？他们正反省什么做的不正确吗？
- 什么困扰你的客户使其夜不能寐？什么是他们最大的问题、关注点或感到焦虑的事情？
- 你的客户通常会犯什么错误？他们对错误采取解决方案了吗？
- 是什么障碍阻止你的客户采用价值主张方法？是否有前期投资成本、高昂的学习代价或其他阻碍？

下载启发性问题

客户收益

收益描述客户想要的结果或效益。有些收益是客户所需要、期望或渴望的,有些是令他们惊讶的。收益包括功能效用、社会收益、积极情绪及费用节省。

在成果及效益方面识别四种类型的客户收益:

必需的收益

在解决方案中,如果没有此项收益,整个方案都不能运行。例如,我们对智能手机最基本的期望是我们能用其通话。

期望的收益

在解决方案中相对来说是基本的收益,无此项收益也会影响整个方案的运行。例如,自从苹果公司推出iPhone后,我们希望手机能设计得更加美观。

渴望的收益

远远超出我们期望,但人们非常喜欢的一些收益。你在向客户了解有关情况时,他们通常会提出的一些想法,比如我们希望智能手机能与我们的其他电子消费无缝衔接。

意外的收益

远远超出客户预期及渴望的一些收益。即使你在向客户了解情况时,他们也不会提出的一些想法。在苹果公司推出触摸屏使其成为苹果专卖店主流产品前,没人想到触摸屏能成为手机的一个组成部分。

收益关联性

客户的收益可能是必须的,也可能是最好能有的。类似于识别"痛点"对他们来说是极端的,也可能是中等的。

建议:使收益具体化

最好能将收益尽可能具体化,以清晰地区分工作、痛点及收益。当一位客户指出要以"更好的表现"作为其渴望得到的一个收益时,要继续跟进了解他们希望或梦想到达的程度。这样你才能对此注明:"希望将表现提升到超越×××"。当你理解如何准确评估客户收益时,你能在价值主张中设计更好的收益图。

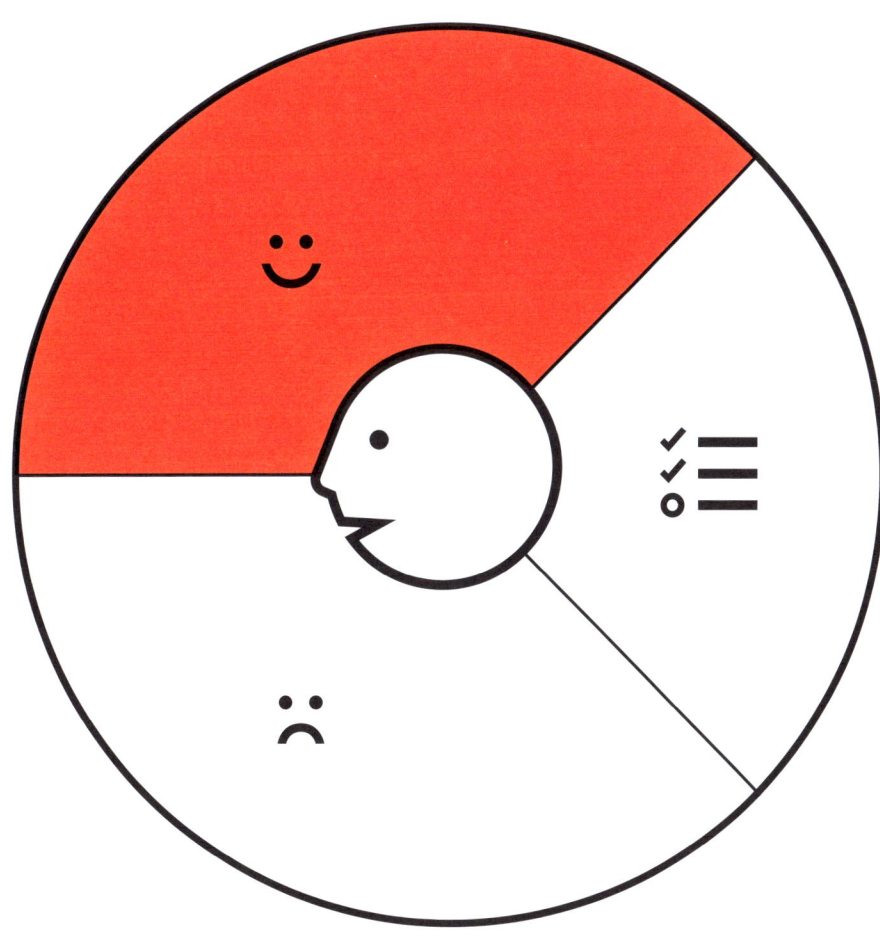

以下的问题清单将有助于你考虑不同的潜在客户收益:

- 哪类节约会使你的客户满意?时间、金钱或是花费的精力?
- 他们希望哪个级别的质量水平?他们希望级别高些或是低些?
- 客户非常满意现在的价值主张吗?他们最喜欢哪个特别的特性?他们希望什么样的表现和质量?
- 怎样会使客户的工作或生活更加轻松?这是否学习起来更轻松,是否能提供更多的服务,是否有更低的经营成本?
- 客户希望得到怎样积极的社会影响?怎样能让他们看起来更好?怎样能提升他们的权力和威望?
- 客户最迫切寻求什么?他们正在探求好的设计、保障,特殊性或更多的特性吗?
- 客户梦想得到什么?什么是他们渴望得到的或什么能让他们感到极大的愉悦。
- 客户如何衡量成功和失败?他们如何评估表现和费用。
- 如何能提高客户采用价值主张的可能性?他们希望更低的费用、更少的投资、更低的风险或更好的质量吗?

下载启发性问题

商业书读者概况

我们选择以本书潜在读者为例来介绍客户概况。我们有意识地跳出仅仅与读书有关的工作、痛点和利益。因为，我们的目标是为大众商业人士设计一个创新的、更为全面的价值主张。

右边概述的客户概况是通过几次访谈及与工作坊参与者数千次的交流、互动了解到的。然而，不是强制要求从现有已知的客户开始，你可以基于你所想象的、潜在客户的基本概况来开拓思路。对于你所假设的客户工作、痛点及收益，如果你采用客户访问及测试的方式来确认客户工作、痛点及收益，那将是一个非常好的开始。

收益是客户要求或希望的结果、特性或效益，是工作的结果或价值主张所希望的特性，能帮助客户很好地完成一项工作。

把痛点、收益描述得越清晰、明确、具体越好。例如，"来自我行业的案例"比"与我背景相关"更具体。向客户了解他们如何衡量痛点及收益。调查他们对希望完成的工作是如何衡量其成功或失败的。

确保你深入理解客户。如果你在概况中只列举了寥寥几项，那很可能说明你对客户缺乏了解。要尽可能多地发掘工作、痛点及收益。这将直接与你的价值主张息息相关。

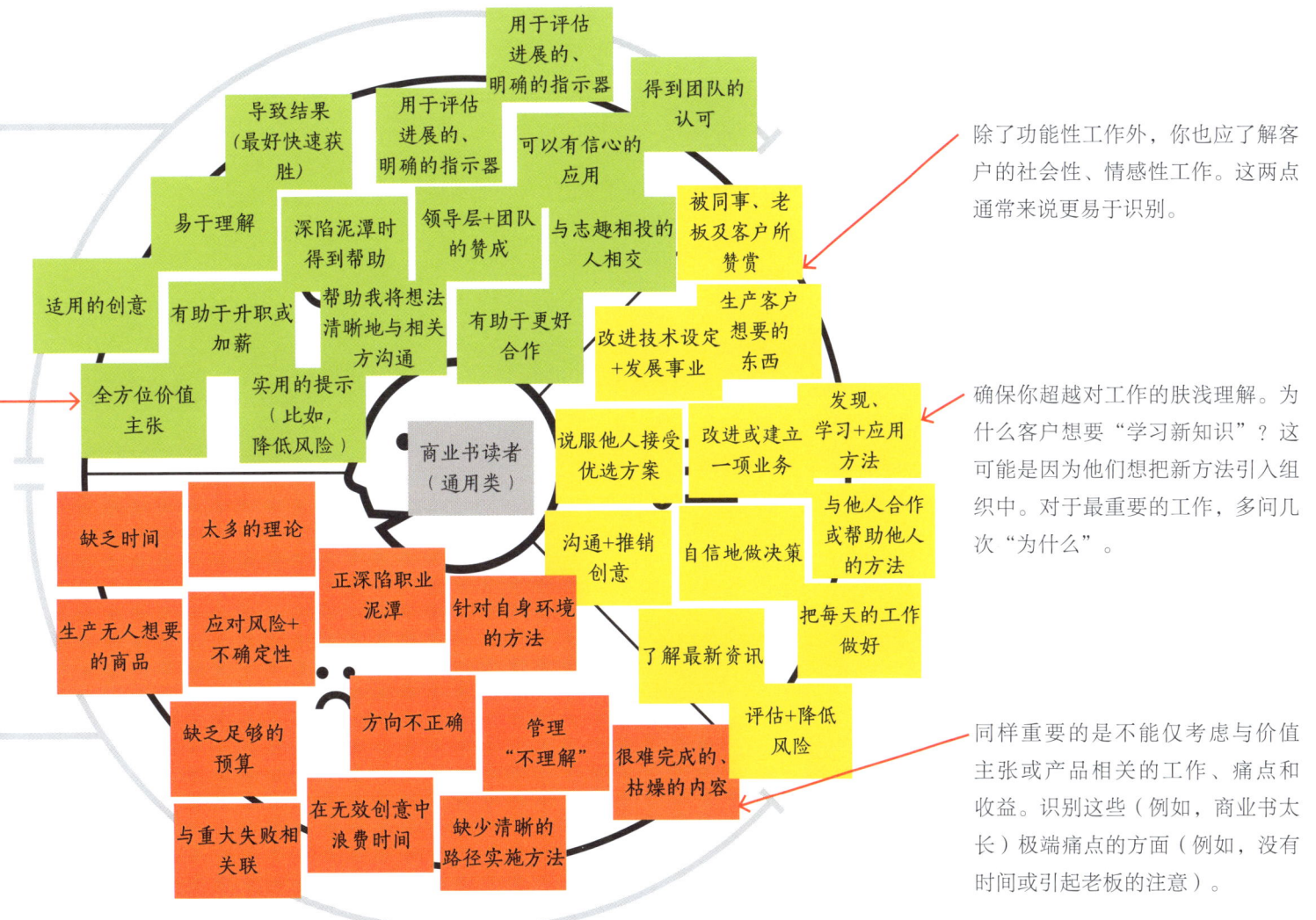

除了功能性工作外，你也应了解客户的社会性、情感性工作。这两点通常来说更易于识别。

确保你超越对工作的肤浅理解。为什么客户想要"学习新知识"？这可能是因为他们想把新方法引入组织中。对于最重要的工作，多问几次"为什么"。

同样重要的是不能仅考虑与价值主张或产品相关的工作、痛点和收益。识别这些（例如，商业书太长）极端痛点的方面（例如，没有时间或引起老板的注意）。

对工作、痛点和收益
进行分级

尽管每个客户的喜好各有不同，但是你仍需要感知客户的评估尺度。你需要研究大部分客户认为什么工作最重要和最不重要。找出哪些是客户极端痛苦的、哪些是中等痛苦的。了解哪些收益他们认为不可或缺，哪些是最好能拥有的。

为了进行价值主张设计，确认客户真正关注的焦点，对工作、痛点和收益进行分级是十分必要的。挖掘出客户认为真正重要的工作的确十分困难，但是一旦领会将极大提升客户的感知和体验。

在开始评级时，你可以基于你认知的客户重要程度来进行，持续对此评级进行验证直到其能从客户角度真正反映出优先、轻重程度。

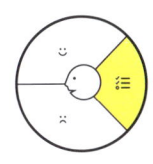 工作重要度 按照工作对客户的重要程度进行分组。	 痛点严重度 按客户观点来评估痛楚程度。	 收益相关性 按客户的观点来评估收益有多关键。
+ 重要	**+ 极端**	**+ 必须**
改进技术设定+发展事业 / 被同事、老板及客户所赞赏	正深陷职业泥潭 / 与巨大的风险相关联	有助于升职或加薪 / 全方位价值主张
把每天的工作做好 / 自信地做决策	方向不正确 / 缺乏足够的预算	领导层+团队的赞成 / 导致结果（最好快速获胜）
改进或建立一项业务 / 沟通+推销创意	管理"不理解" / 生产无人想要的商品	得到团队的认可 / 帮助我将想法清晰地与相关方沟通
评估及降低风险 / 生产客户想要的东西	应对风险+不确定性 / 没有足够的时间	深陷泥潭时得到帮助 / 用于评估进展的明确指示器
与他人合作或帮助他人 / 说服他人接受优选方案	在无效创意中浪费时间 / 缺少清晰的路径来实施方法	适用的创意 / 有助于更好合作
发现、学习+应用方法 / 了解最新资讯	针对自身环境的方法 / 很难完成的、枯燥的内容	自信地应用 / 具体的建议（例如，降低风险）
	太多的理论	易于理解
— 不重要	**— 中等**	**— 最好能有**

以客户的身份

目标
以可分享的格式可视化对客户而言什么是重要的

结果
一页可行动的客户概况

你认为对客户的工作、痛点、收益有多了解？以图展示客户的概况。

指示
使用客户概况，选定一个现有的客户，绘制出概况。如果你正忙于一个新的创意，以图展示出你正要为之创造的客户群。

1. 下载客户概况画布。
2. 准备一套小的便签。
3. 绘制你的客户概况。

1

选择客户群
选择你想要描述的客户群。

2

识别客户工作
了解客户正努力完成的工作，在每张便签上记下他们的工作。

3

识别客户痛点
客户有什么痛点？把你想到的尽可能多地记下来，包括所遇到的障碍和风险。

4

识别客户收益
客户想要获得怎样的结果和效益？把你想到的尽可能多地记下来。

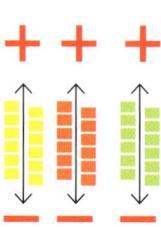

5

优先排序工作、痛点及收益
将工作、痛点、收益按行排列。把最重要的工作、最极端的痛点、最需要的收益放在最顶部，中等的痛点及最好能有的收益放在最低部。

网上练习

客户概况

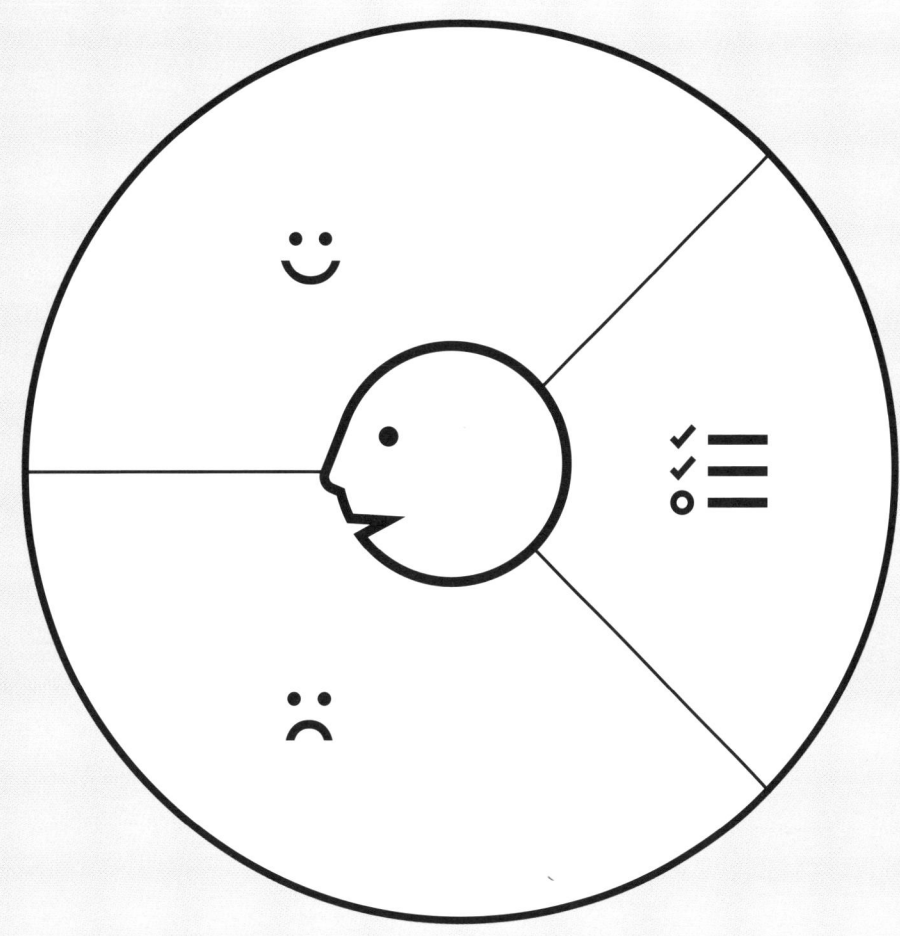

Strategyzer

Copyright Business Model Foundry AG
The makers of Business Model Generation and Strategyzer

下载客户概况的pdf

绘制工作、痛点、收益的最佳实践

在绘制客户概况时，采用下述最佳实践以避免常犯的错误。

✘ 常规错误

| 将几个客户群混在一个客户概况中。 | 将工作与结果混淆。 | 仅关注功能性工作，而遗忘了社会及情感工作。 | 按你所想的价值主张罗列工作、痛点及收益。 | 识别太少的工作、痛点及收益。 | 在描述痛点及收益时太过模糊。 |

✔ 最佳实践

| 为每一个客户群绘制一张价值主张图。如果你面对的客户是公司，回顾一下在每一家公司内是否有不同类型的客户（使用者、购买者）。 | 工作是客户正尽力完成的事项、正尽力解决的问题或他们正尽力去满足的需求。反之，收益是客户想要获得的有形输出结果或想避免、排除的痛点。 | 有时社会或情感工作甚至比有形的功能性工作更重要。"在他人面前看起来非常棒"，也许比找到一个有效完成工作的技术解决方案更重要。 | 当你在描绘客户时，你应该像社会学家，忘记你所提供的东西。例如，一个商业出版商不应该仅绘制纯粹与书有关的痛点及收益。因为记者可以选择商业书或咨询公司、YouTube录像，甚至是完成MBA课程或培训。在确定价值主张时，跳出你想要或期望的工作、痛点及收益的限制。一份好的客户概况是内容丰富的。因为大部分客户都有很多痛点、希望及想要得到的收益。拟定出所有潜在客户重要的工作、极端的痛点及基本的收益。 | 一份好的客户概况是内容丰富的。因为大部分客户都有很多痛点及希望或想要得到的收益。拟定出所有潜在客户重要的工作、极端的痛点及基本的收益。 | 使痛点、收益具体，有形。在收益点上，不应仅写"增加工资"，应详细说明客户希望增加多少。在痛点上，不应仅列出"花费太长时间"，而应具体指"太长"是多长。这将使你能准确了解客户如何衡量成功及失败。 |

痛点和收益

当你开始绘制客户概况时，你可能仅简单地把同一个事项的正反两面作为收益和痛点。例如，当一位客户"需要完成的工作是"赚更多的钱，也许你开始把"提高薪水"作为收益，而把"降低薪水"作为痛点。

更好的方式是：

- 精确地找出客户希望多赚多少钱才是收益，同样调查少赚多少钱他们才感觉到是个痛点。
- 在痛点方面，增加一些障碍以使工作更难完成。例如，痛点也许是我的老板不提升我。
- 在痛点方面，增加未能完成工作的一些风险。例如，痛点也许是"不能承担孩子未来的大学学费"。

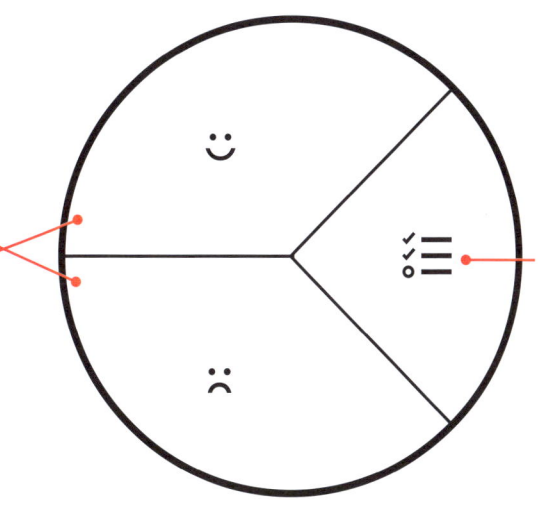

多问几个"为什么"直到你能真正了解客户要完成什么工作。

在你开始绘制客户概况时，也许你对客户工作仅有泛泛的了解。你需要更深入地问自己为什么客户想要开展这项工作，找出客户真正的动机。

例如，为什么客户想学一门外语？也许客户想学外语的真正原因是改进个人简历。为什么他想改进个人简历呢？也许是他想赚更多的钱。

多问几个为什么直到你能真正把促使客户完成工作的潜在原因找出来。

1.2 价值图

产品和服务

这仅是一份你所提供的服务或产品清单。这就像是客户在橱窗中所能看到的所有商品。这是罗列你的价值主张所基于的所有产品和服务项目。这些产品和服务能够帮助客户完成功能性、社会性或情感性工作，或能够帮助他们满足基本需求。产品和服务不能单独创造价值，仅当其与特定客户群及客户的工作、痛点和收益相关联时才能创造价值，了解这点至关重要。

这份清单也可能包含与支持性相关的、帮助客户完成购买角色（比如帮助客户比较价格、做决定和进行购买）的产品和服务，合伙创始人（指帮助客户共同创造价值主张的人）和转换者（帮助客户处置产品）。

价值主张很有可能由各种不同的产品和服务构成：

有形的

商品，如生产的产品。

无形的

如版权或售后服务。

数字的

音乐下载或在线推荐服务等产品。

财务的

如投资基金、保险或商业融资服务。

关联

很有必要知道不是所有的产品和服务对你的客户而言都有相同的相关性。有些产品和服务对价值主张来说是必须的，而有些则仅仅是最好能有。

痛点缓释方案

痛点缓释方案描述你的产品和服务如何减轻特定客户的痛点，明确描述你如何避免或减少客户在完成一项工作时的烦心事。

好的价值主张总是关注客户最重要的，特别是最极端的痛点。对于你在客户概况中识别出的每一种痛点，你未必都有必要想出相应的缓释方案。这是任何一个价值主张都不能办到的。好的价值主张总是关注能减少最极端的、有限的那几种痛点。

以下是问题清单，它将有助你找到以你的产品和服务帮助客户减少痛点的不同方式。

自问自答：你的产品和服务能……

- 能实现节省吗？该节省是关于时间、金钱或努力程度的。
- 能使你的客户感觉更棒吗？能消除挫折、烦恼和其他使客户头痛的事。
- 能解决表现不佳的方案吗？通过引进新的特性，实现更好的表现或提升质量。
- 能解决客户所遇到的困难和挑战吗？使事物更容易或消除各种障碍。
- 能消除客户所面临或担心的负面社会影响吗？例如，丢面子或失去权力、信任及威望。
- 能消除客户担心的风险吗？例如，财务、社会、技术风险或其他潜在的导致错误的事项。
- 能有助于客户安心睡觉吗？通过解决重大问题，减少客户的担忧或帮助客户消除烦恼。
- 能限制或根除客户常规错误吗？通过帮助客户使用正确的解决方案。
- 能排除使客户不采用价值主张的障碍吗？能引进、降低或无前期投资成本吗？能简便易学或排除阻碍客户采用的其他障碍吗？

相关

痛点缓释方案或多或少对客户都有一定的价值。请务必区分出哪些是必须要有的，哪些是最好能有的。前者常以极端的方式舒缓极端头痛的问题，创造巨大的价值。后者仅仅舒缓一般性的痛点。

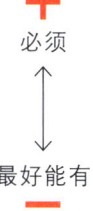

必须
↕
最好能有

下载启发性问题

收益创造方案

收益创造方案描述你的产品及服务如何创造客户收益。它明确描述了你打算提供给你客户的期望或使客户感到惊讶的结果及效益。它包括功能效用、成本节约、积极情感。由于有痛点缓释方案的存在,收益创造方案无须提及在客户概况中识别出的每一种收益。关注与客户相关的并使你的产品及服务有所不同的方面。

以下是问题清单,它将有助于你在思考产品及服务如何帮助客户获得需要的、预期的、渴望的或未预料的结果及效益时拓展思路。

自问自答:你的产品及服务能……

- 在时间、金钱及用功程度上实现节省,愉悦客户吗?
- 给客户带来他所期望的结果或超越他们的期望吗?通过提供更多或更少事物来达到质量等级。
- 能优于当前的价值主张及使客户高兴吗?有关具体特性、表现或质量。
- 能使客户工作或生活更轻松吗?更实用,易于进入,更多服务,更低的购置成本。
- 能创造积极的社会影响吗?通过使他们看起来更棒或提升权力及威望。
- 正在做一些客户正在寻找的特殊事情吗?有关于产品设计、保障或其他更多的特点。
- 能完成客户梦想的愿望吗?通过帮助他们实现抱负或在困苦中得到慰藉。
- 能得到与客户成功及失败标准相吻合的积极结果吗?有关表现或降低成本。
- 能使应用更简单吗?通过更低成本、更少的投资、更低的风险、更好的质量、更多的功能或更好的设计。

相关性

与痛点缓释方案一样,收益创造方案能为客户或多或少地带来相关的结果或效益。务必将必须及最好能有的收益创造点区分开来。

下载启发性问题

绘制价值主张的价值主张设计

出色的价值主张关注客户最重要的工作、痛点及收益。你无须解决客户所有的痛点及收益问题，关注使客户有所不同的项目。

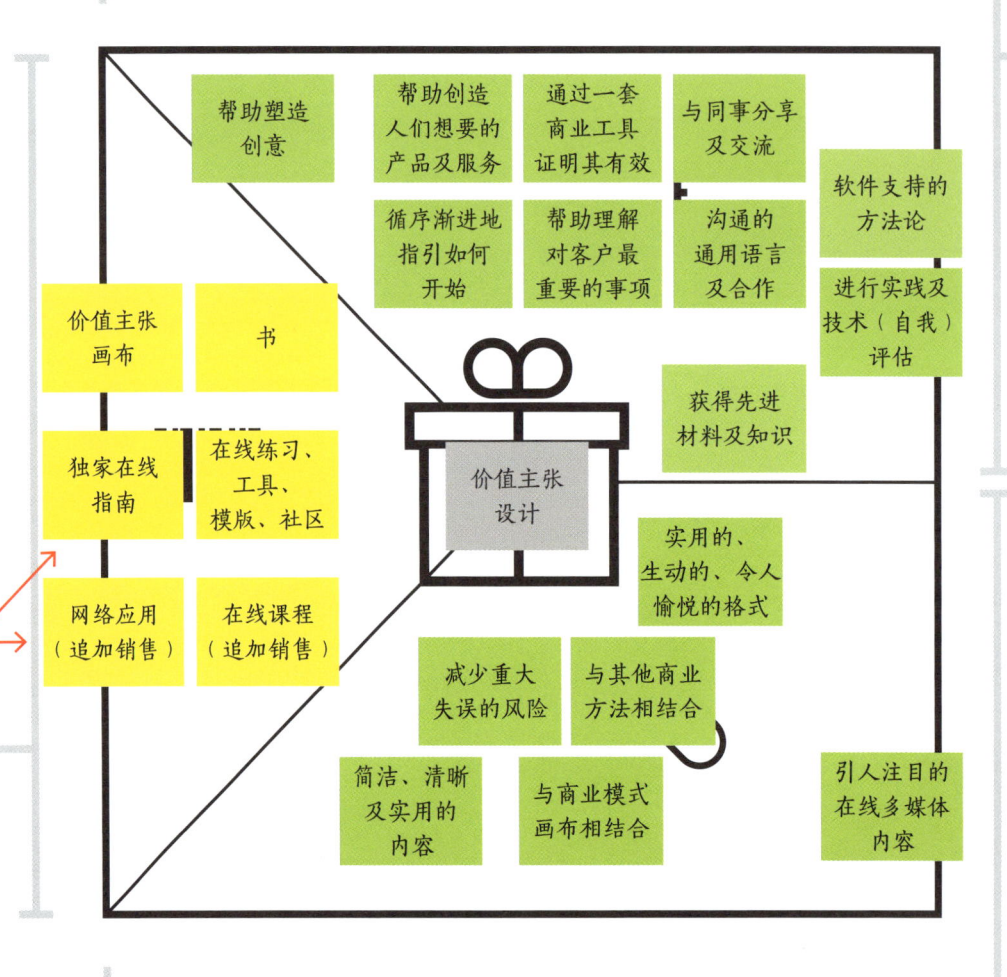

可以将几个不同的价值主张合并成一个。

价值主张设计所基于的产品及服务清单以某一特定的客户群为目标。

痛点缓释方案概述了你的产品及服务如何准确地缓解客户的痛点。每个痛点缓释方案能至少解决一种或多种痛点或带来收益。不要将产品及服务加入此栏中。

收益创造方案强调你的产品和服务如何帮助客户获得收益。每个收益创造方案至少针对一个或多个痛点或收益。不要在此增添产品或服务。

图形揭示了我们如何相信此书提供的产品和服务能为客户创造价值。

练习

36

价值主张设计 / 画布 / 1.2

用图形描述你的产品及服务如何创造价值

目标
很明确地描述出你的产品及服务如何创造价值。

结果
在一页中绘制出如何创造价值。

说明

针对你现有的一个价值主张，勾画出其价值图。以一个在之前练习中描述过的客户群为目标进行概述。用已有的价值主张将更易于入手。然而如果你没有现成的案例，那描述一下你的新想法将如何创造价值。此书以后章节中将具体介绍如何创造新的价值主张。

那么，现在
1. 准备好之前完成的客户概况练习。
2. 下载价值图。
3. 拿一些记事贴。
4. 勾画出你如何为客户创造价值。

下载价值图pdf

价值图

Strategyzer

Copyright Business Model Foundry AG
The makers of Business Model Generation and Strategyzer

   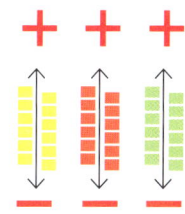

1
罗列产品和服务
列出与你现有的价值主张相关的所有产品和服务。

2
概述痛点缓释方案
概述你的产品和服务如何通过消除不希望的结果、障碍或风险来缓解客户的痛点。一个记事贴对应一个痛点缓释方案。

3
概述收益创造方案
说明你的产品和服务现在如何对客户创造他们希望或想要得到的结果和效益。一个记事贴对应一个收益创造方案。

4
按重要程度进行排列
对产品和服务、痛点缓释方案以及收益创造方案，根据其对客户的必要性进行排列。

 进行在线练习

痛点缓释方案和收益创造方案

　　痛点缓释方案和收益创造方案以各自不同的方式给客户创造价值。两者的区别是，前者在客户概况中陈述的是痛点，而后者陈述的是收益。这两者也可以同时陈述痛点和收益，因为主要的目的是让你的产品和服务明确给客户创造价值。

?

在客户概况中，痛苦和收益有什么区别呢？

　　毫无疑问，痛点缓释方案和收益创造方案与痛点和收益是不同的。你可以控制前者，然而却不能控制后者。你通过具体的工作、痛点和收益决定如何创造价值（比如设计）。但你却无法决定你的客户有哪些工作、痛点和收益。没有一个价值主张能解决所有的客户工作、痛点和收益的问题。最好的价值主张用来解决那些对客户最重要的项目。

绘制价值创造的最佳实践

✘ 常见错误

罗列所有的产品和服务,而不是针对某一具体的客户群。

在痛点缓释方案及收益创造方案中增加产品及服务。

对客户概况中提及的痛点及收益提供了一些毫无用处的痛点缓释方案及收益创造方案。

进行一些无谓的尝试期望解决所有客户痛点及收益。

✔ 最佳实践

产品及服务仅当其与特定的客户群相关联时才能创造价值。对每一特定的客户群,仅列举与其价值主张相关的那些产品及服务。

痛点缓释方案及收益创造方案详细说明了产品及服务如何创造价值及有何特点。

记住,产品及服务不能孤立地创造价值。它们总与客户的工作、痛点及收益息息相关。

伟大的价值主张是在那些工作、痛点及收益中进行取舍,决定哪些应关注,哪些应放弃。没有任何一个价值主张能顾及所有。如果你的价值图能做到的话,那很有可能是因为你未能将客户所有的工作、痛点及收益罗列齐全。

1.3
契合

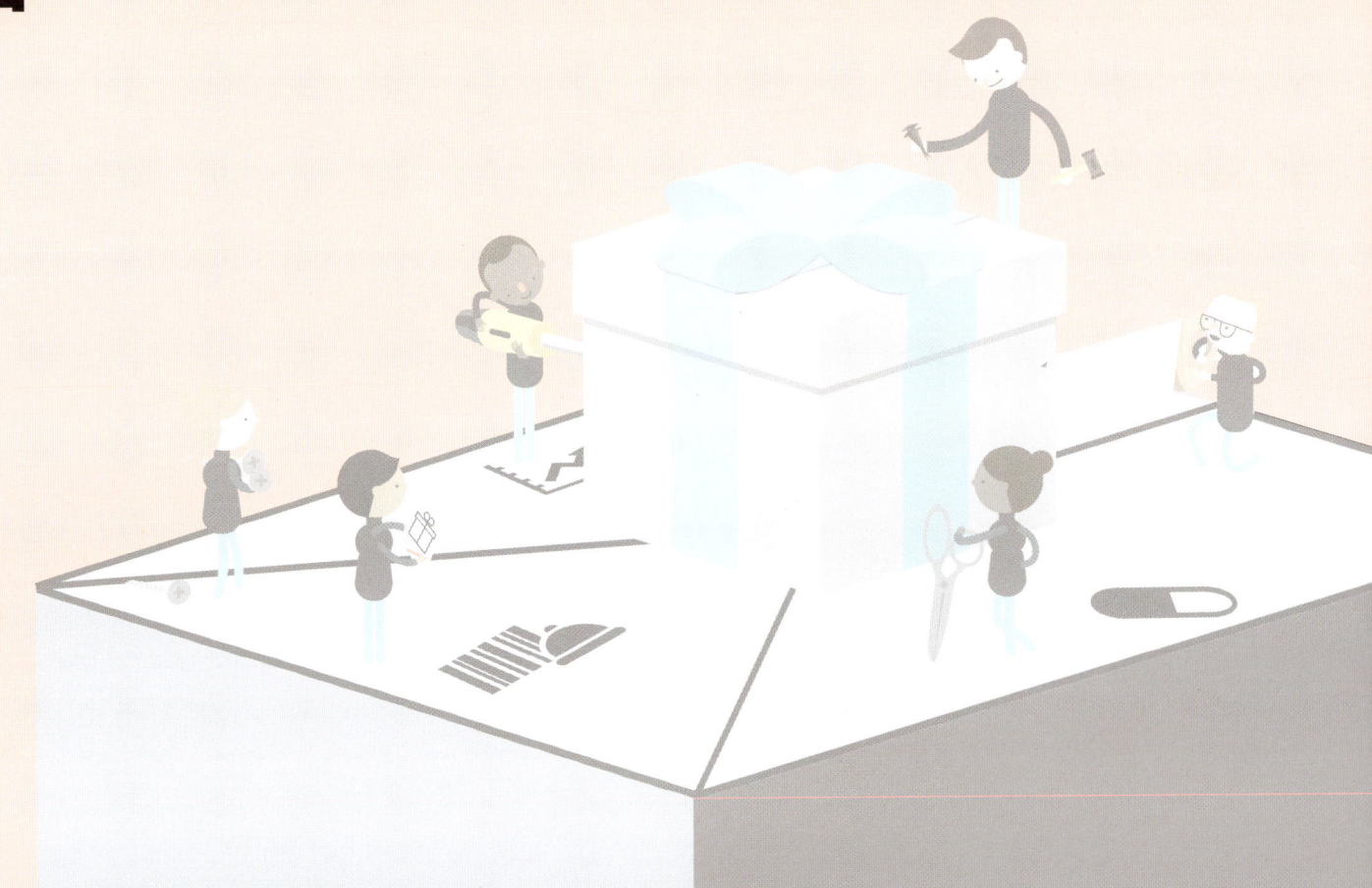

契合

当客户对你的价值主张感到非常高兴时，这代表你实现了契合。它发生在你解决重要工作，缓解极端痛点和关注客户基本的收益时。正如本书所述，契合是难以发现和维持的。你要努力在价值主张设计中找到契合。

客户对产品和服务有很多希望，然而他们也知道不能全部拥有。关注那些能使客户有所不同的、对客户很重要的收益。

客户有很多痛点。没有任何一个组织能解决所有痛点。关注客户最头痛而未能解决的工作。

你实现客户最基本的收益了吗?

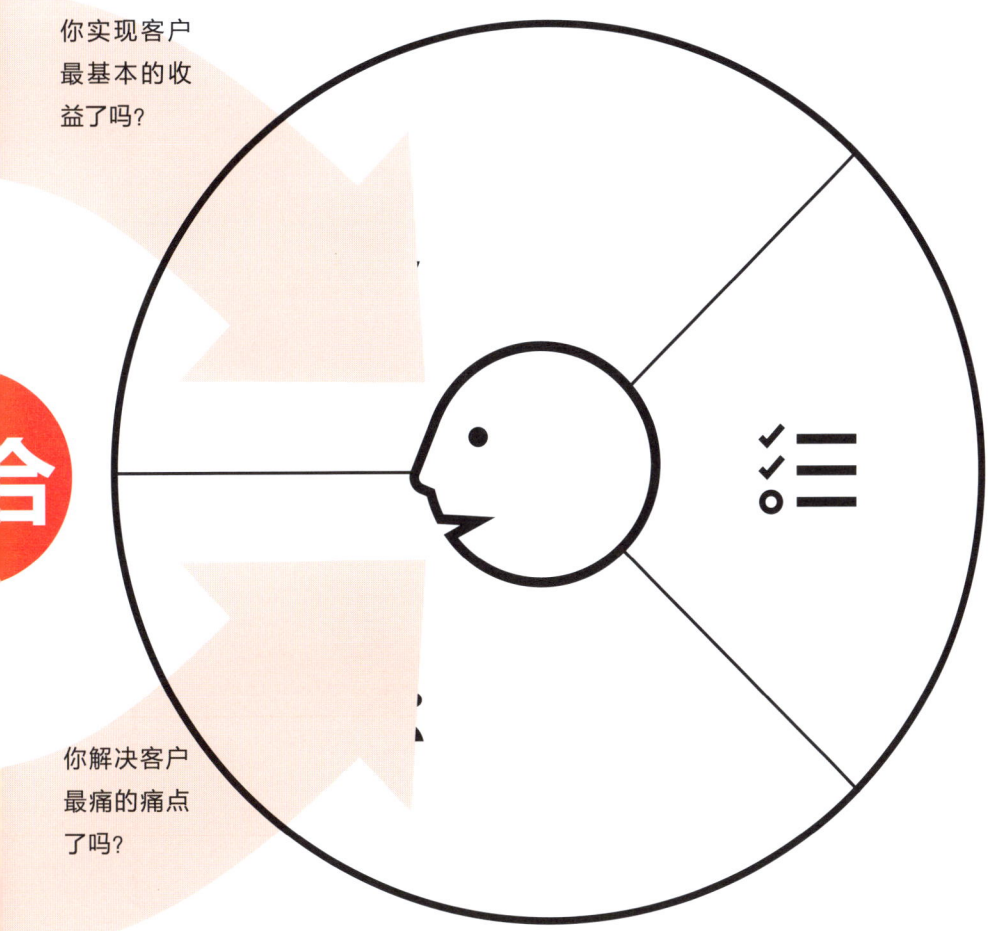

你解决客户最痛的痛点了吗?

你的客户是法官、陪审团和价值主张的执行者。如果你未能找到契合,他们将对你毫不留情!

是否契合？

当我们在对此书进行价值主张设计时，我们努力去解决潜在客户最重要的工作、痛点及收益问题，而现有商业书的格式又没有很好地解决这一问题。

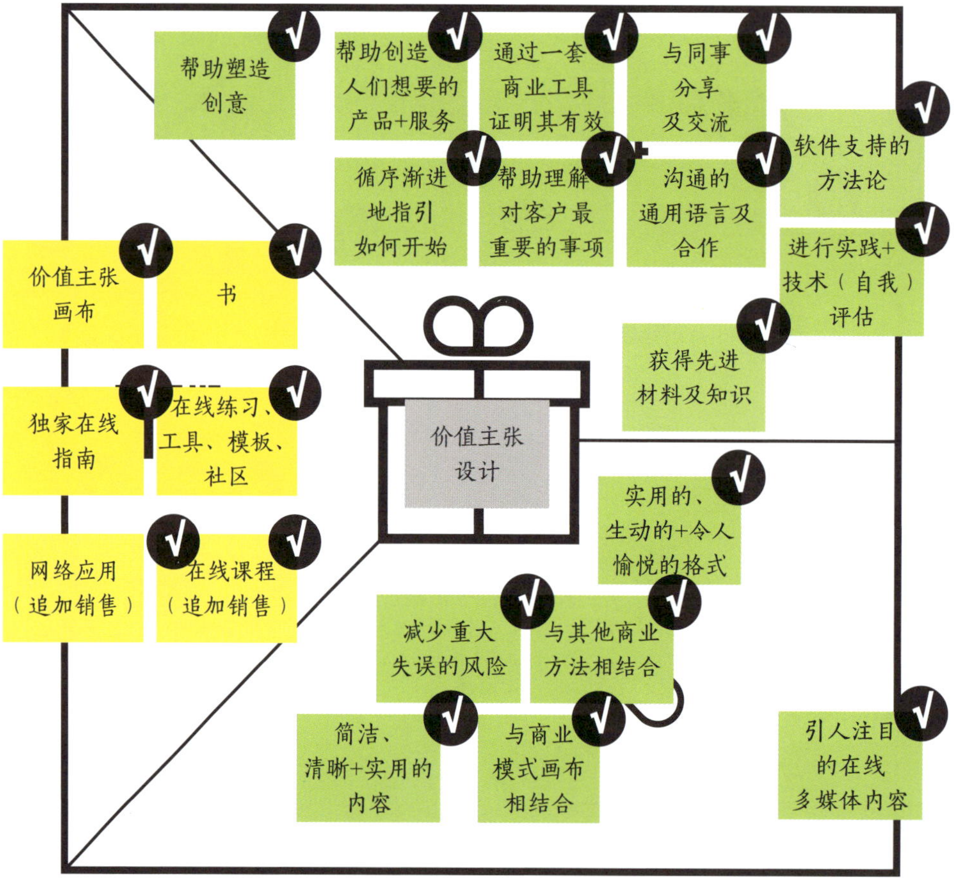

检查那些有标识的项目，它是指那些能缓解痛点及创造收益的产品或服务。

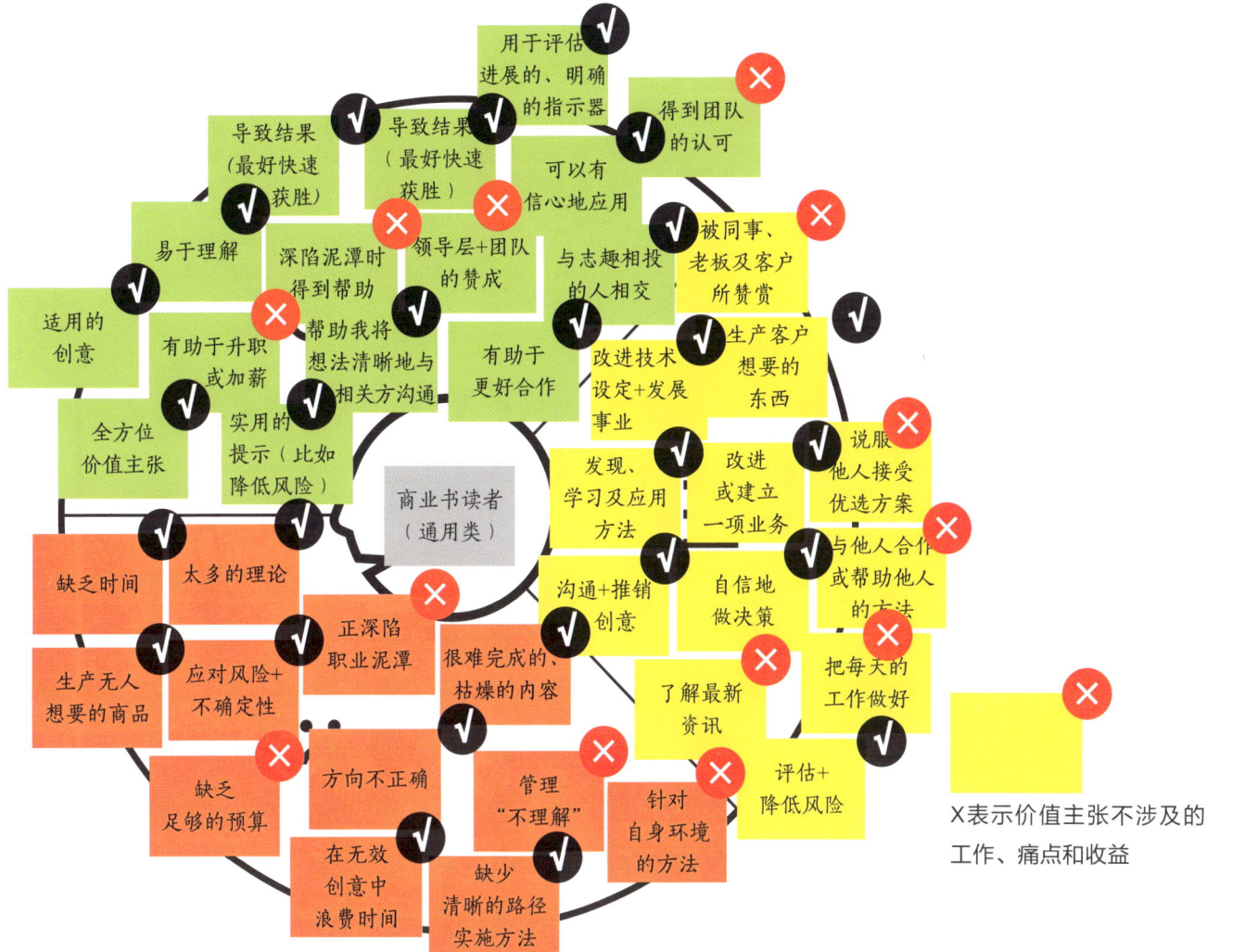

X表示价值主张不涉及的工作、痛点和收益

检验你的契合度

目标
验证你是否能解决客户最重要的事项。

结果
将产品服务与客户的工作、痛点及收益相结合。

在线进行练习

1

说明

结合之前你所完成的价值主张图及客户群概况,把痛点缓释方案及收益创造方案逐条通读,看这些是否能与客户工作、痛点及收益相契合。对每一条已检查完的项目做好标识。

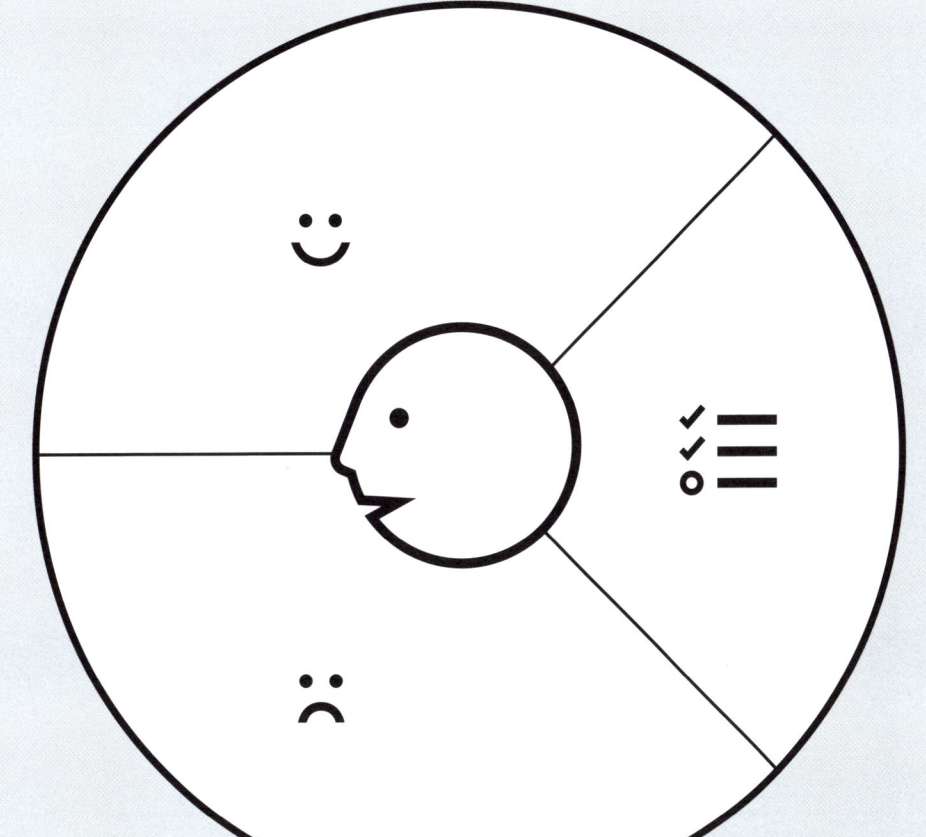

2
结果

　　如果痛点缓释方案和收益创造方案未能与任何一项客户工作、痛点和收益相契合，这表明它将不能给客户创造价值。如果你未能检查完所有的痛点和收益，别担心，因为你不可能满足所有的要求。扪心自问，你的价值主张与客户的需求契合度有多高？

下载价值主张画布

契合的三种类型

寻找契合是围绕解决客户真正关心的工作、痛点和收益的产品和服务来进行产品价值主张设计的一个过程。公司提供什么和客户想要什么之间的契合度是成功价值主张的最关键因素。

契合发生在三个阶段。第一个阶段是你相信自己的价值主张能解决你所识别出的客户工作、痛点和收益。第二个阶段是当客户对你的价值主张有积极反应，并且你的价值主张受市场欢迎。开始阶段称之为问题−方案契合和产品−市场契合。第三个阶段是当你找到可实现和可盈利的商业模式时。

获得"契合"海报

3 商业模式契合

2 产品−市场契合

1 问题−方案契合

书面上 →

1. 问题–方案契合
问题–方案契合发生在：
- 有依据表明客户所关注的那些具体工作、痛点及收益。
- 设计了一个能解决工作、痛点及收益的价值主张。

在此阶段，你尚未有依据表明客户正对你的价值主张感兴趣。

这是你努力识别客户最重要的工作、痛点及收益并进行相应价值主张设计时，你设想了多个价值主张以确定能产生最佳契合的价值主张。你获得的契合仅停留在书面上，尚未得到验证。下一步需证明客户对你的价值主张感兴趣或开始重新设计一个新的价值主张。

市场上 →

2. 产品–市场契合
产品–市场契合发生在：
- 有证据表明你的产品、服务、痛点缓释方案及收益创建方案能真正地创造客户价值，受市场欢迎。

在此阶段，你努力验证或否定价值主张潜在的假设。你将不可避免地了解到你早期的许多想法简直无法创造客户价值（例如，客户毫不在乎），需要设计新的价值主张。找到第二个阶段的契合是一个相当长的反复的过程。它不会在一夜之间完成。

银行里

3. 商业模式契合
商业模式契合发生在：
- 有证据表明你的价值一定能植入可盈利及可实现的商业模式中。

一个好的价值主张，如果没有一个好的商业模式，则意味着不理想的财务收益，甚至会导致失败。没有健康的商业模式，任何一个好的价值主张都不能最终获得成功。

寻找商业模式契合是一个费时费力的过程，需要在为客户创造价值的价值主张与为组织创造价值的商业模式间来回探寻。仅当你能利用你的价值主张创造相比于产品生产、交付成本更高的收入时，才能算是商业模式契合。

B2B的客户概况

一般来说，商业到商业（B2B）的价值主张交易涵盖了搜索、评估、采购、产品和服务这五项。每一项都有不同的概况及不同的工作、痛点及收益，且每一项都能影响购买决定。识别最重要的项并在价值主张图上对它们进行概述。

不同组织的部门及规模概况将有所不同，但一般来说它们包括以下任务：

+分类
商业中价值主张的利益相关者

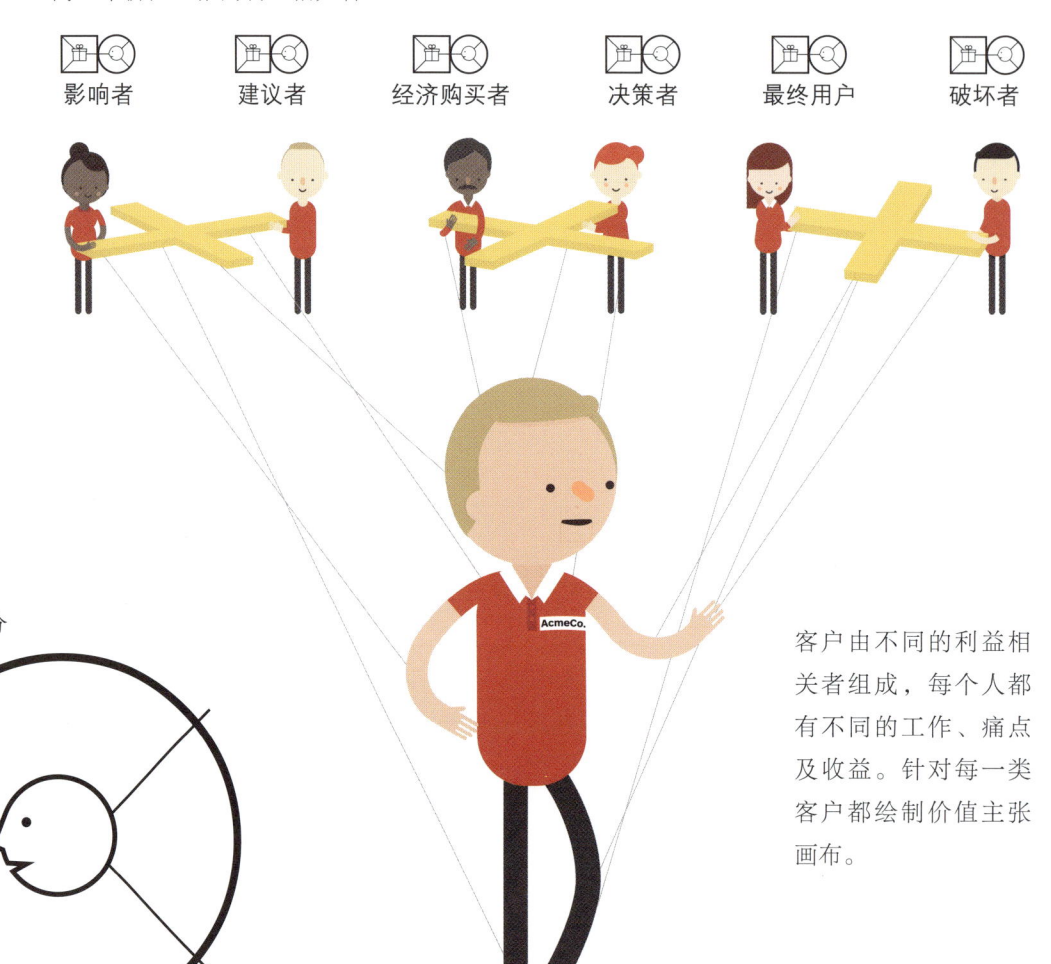

影响者　建议者　经济购买者　决策者　最终用户　破坏者

客户由不同的利益相关者组成，每个人都有不同的工作、痛点及收益。针对每一类客户都绘制价值主张画布。

汇总的

价值主张　　　商业部分

Adapted from Steve Blank, The Four Steps to the Epiphany, 2006.

影响者

某些人或团体，他们的意见可能很有价值，做购买决定的人可能会听取他们的意见，即便这些意见未经过正式调研。

建议者

以调查及评估的方式给采购方提供正式的购买建议。

经济购买者

控制预算或进行购买的个人或团体。他们的关注点通常是财务表现及预算效率。

有时候，经济购买者可能是组织之外的，比如政府向养老院或老年市民提供基本医疗。

决策者

最终选择、购买产品、服务的人或团体。决策者通常对预算有最终的权力。

最终用户

最终用户可以在组织内部（如生产方向其产品设计方购买软件），也可以是外部客户（如生产方购买智能电话芯片以最终卖给消费者）。基于他们在做决定或购买过程中的情况，终端用户可能是被动消费也可能是主动消费。

破坏者

妨碍或打乱搜索、评估及购买产品或服务过程的人或团体。

决策者一般在客户组织内部，而影响者、建议者、经济购买者、终端用户及破坏者可能在组织内部或外部。

分类定价

对于消费者的价值主张可能也包括在搜索、评估、购买及使用产品或服务过程的利益相关者。以想要购买一款游戏机的家庭为例，其经济购买者、影响者、决策者、使用者及破坏者会有所不同，因此有必要对每个利益相关者绘制出不同的价值主张画布。

多重契合

一些商业模式仅在多个价值主张与客户群相结合时才有效。在这种情况下,为了使商业模式有效,你需要在每个价值主张及其相应的客户群中找到契合。

多重契合常见的两个例子是:中间商及平台商业模式。

中间商

当一桩买卖通过中间商来完成时,它需要迎合两类客户需求:终端用户及中间商本身。对中间商没有清晰的价值主张,那对终端客户提供的产品或服务可能并非其所需求的或至少不能达到相同的效果。

中国海尔向全球家庭销售其家用电器和电子产品,这主要依赖于其零售商如家乐福、沃尔玛等。为了取得成功,海尔需要精心打造吸引家庭用户(终端客户)及中间分销商的价值主张。

海尔

海尔有一个针对最终客户——家庭的价值主张。

海尔有一个针对其中间商客户(零售商)的价值主张,它也是到达最终客户的主渠道。

平台

平台仅当两类或多类有不同需求的人员产生互动,并在相同的、相互依赖的商业模式下获取各自的收益时才能运行。如仅需两类人员互动时称之为双边平台,当需要多类人员互动时称之为多边平台。只有平台上所有相关方均出现时,平台才能生存。

以Airbnb双边平台为例,这是一个将有多余空间可用于出租的当地居民与正在寻找住所的旅游人士相连接的网络。在此情况下,商业模式需要有两类价值主张,一类用于当地居民(房东),另一类用于旅游人士。

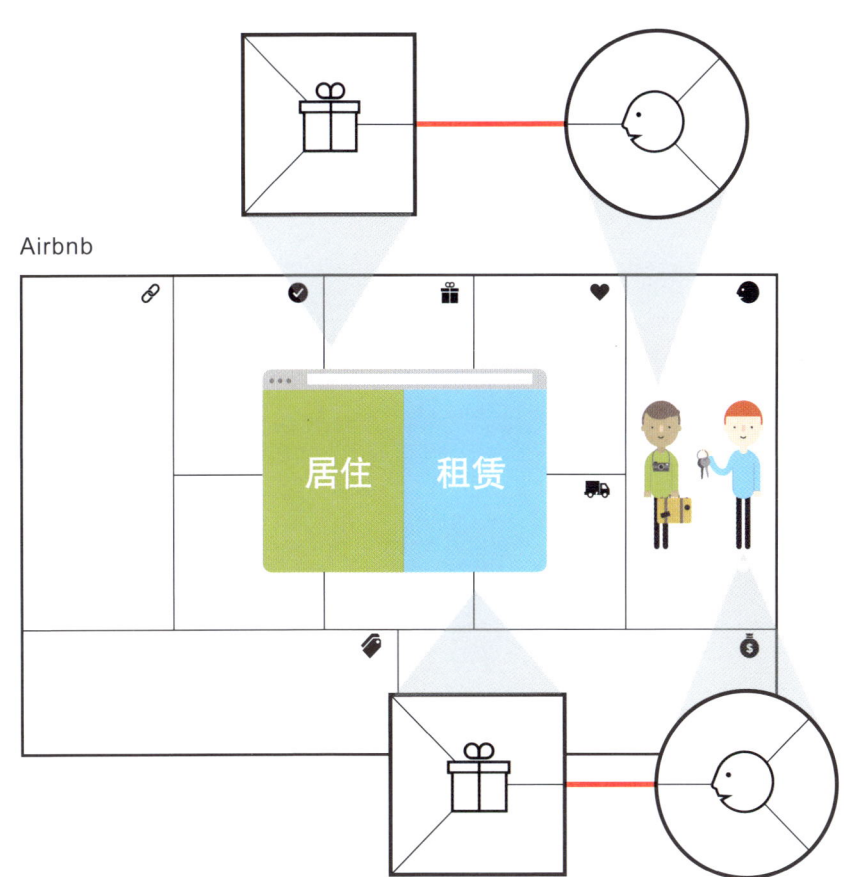

看电影

让我们以另一个简单的案例来演练一下价值主张画布。想象一下一家连锁电影院的企业主想为他的客户设计新的价值主张。

他可以从价值主张的一些特性出发，也可以对新一代的大银幕、最先进的放映技术、美味的小吃、社会事件、都市体验等而激动不已。当然，这些仅当客户关注时才能体现其重要性。因此，他开始深入了解客户真正想要什么。

通常，他在脑子里草拟客户概况，但这次他决定使用客户概况来强调客户的工作、痛点及收益。

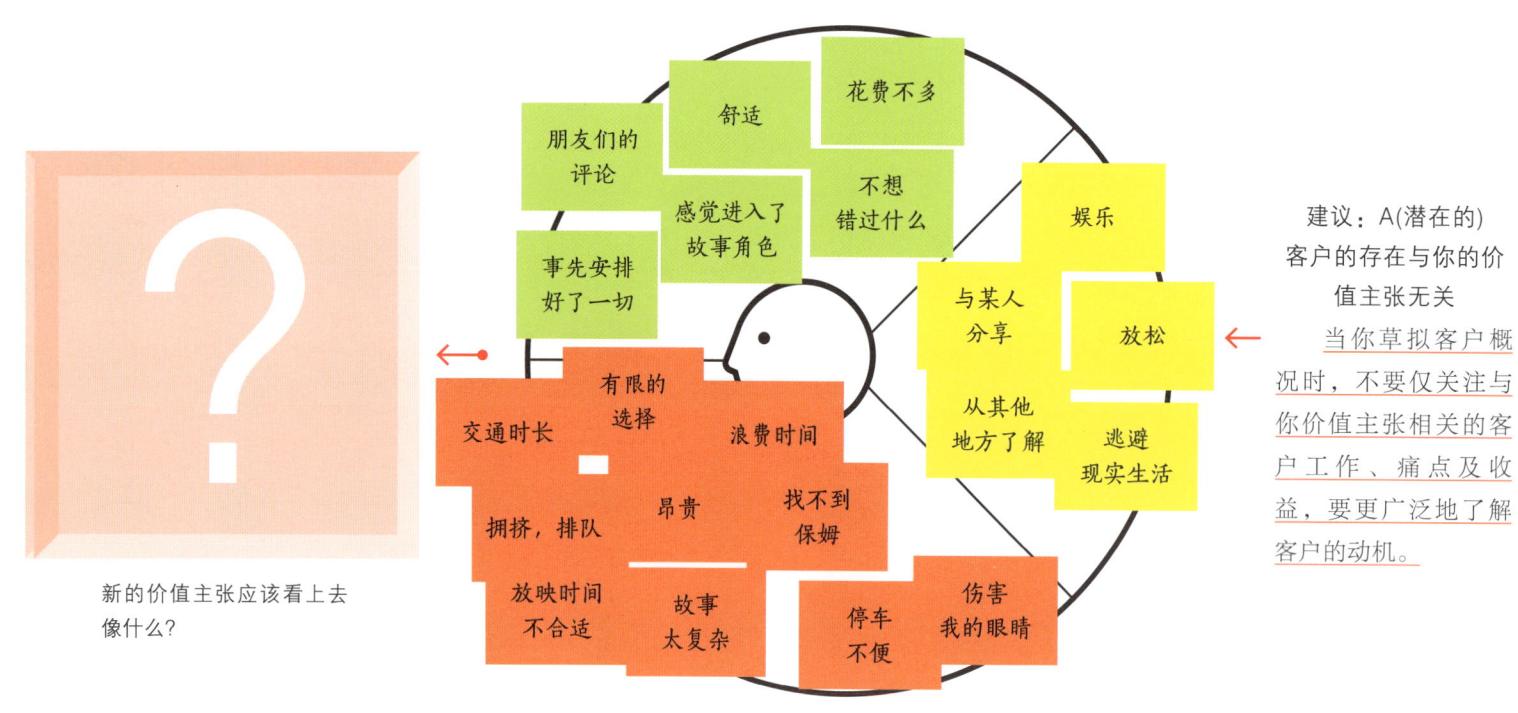

哪些方面驱动影迷？

新的价值主张应该看上去像什么？

建议：A(潜在的)客户的存在与你的价值主张无关

当你草拟客户概况时，不要仅关注与你价值主张相关的客户工作、痛点及收益，要更广泛地了解客户的动机。

电影院的商业模式

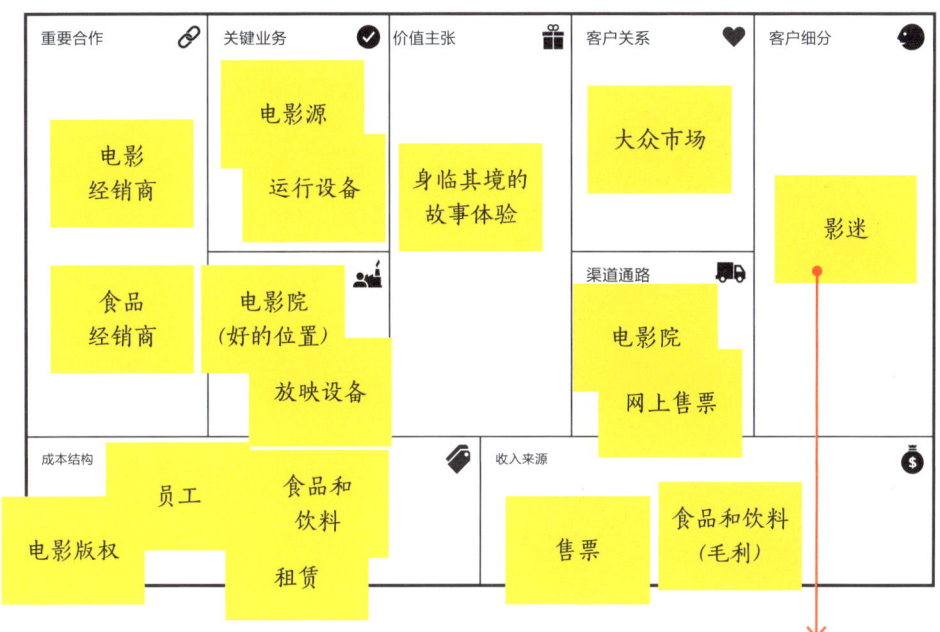

→ **新方法：专注于驱动客户的工作、痛点及收益**

通过绘制客户概况，关注于发现什么是真正吸引客户的，而不仅仅是描述他们的社会经济特点。研究什么是客户试图去获得的，以及他们的潜在动机、目标及障碍。这样将拓宽你的视野，使你发现新的或更好的满足客户需求的机会。

→ **传统方法：**
社会经济特点

传统方法是将消费者按社会经济特点进行分组。

珍妮影迷
20～30 岁
上中产阶级
年收入10万美元
已婚，2个孩子

看电影的行为：
- 喜欢动作片
- 喜欢爆米花及苏打水
- 不喜欢排队等候
- 在线购票
- 每月看一次

相同的客户，不同的情景

优先程度的变化取决于不同的客户情景。在你设计价值主张时至关重要的是同时考虑客户所处的情景。

采用想要完成的工作方法，你发现不同的客户群有不同的动机。然而不同的情景下，有些工作变得更重要或有些工作变得更不重要。

事实上，一个人在不同的情景下，相应的目标完成事项也将不同。

例如，餐厅的顾客很有可能使用不同的标准评价晚餐和中餐的进餐体验。同样地，一个手机用户在车里、会议中或在家里对手机都会有不同的要求。因此，价值主张的特点将依据你所关注的不同情景而有所不同。

在我们的案例中，你将发现影迷在不同的情景下，事项的重要性或多或少都有所改变。

如有必要，在客户概况中增加情景资料。这可能在后续的价值主张设计中成为约束条件。

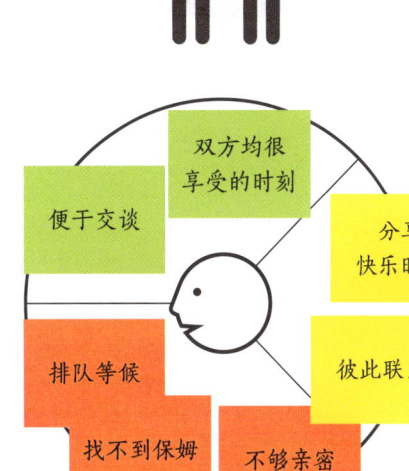

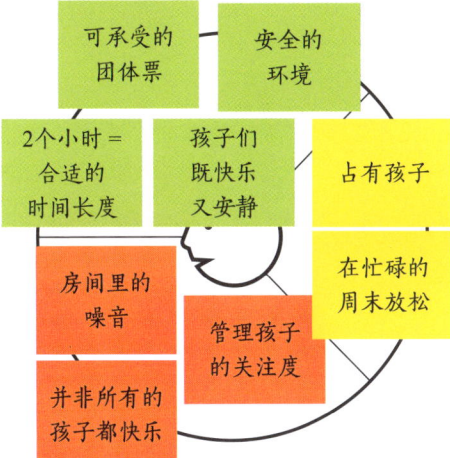
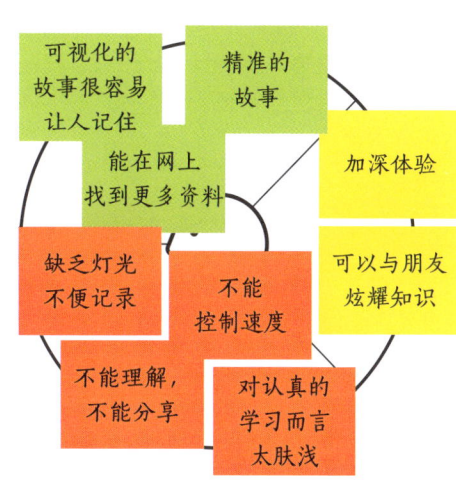

孩子的下午休息日
何时？周三下午
何地？离开家
和谁？孩子及他们的朋友
限制条件？放学后，晚餐前

约会夜
何时？周六晚上
何地？离开家
和谁？爱人
限制条件？孩子需要照顾（如果是父母的话）

个人研究
何时？任何时间
何地？离开家
和谁？独自
限制条件？需要记笔记

相同的客户，不同的方案

在当下竞争激烈的环境下，客户被许许多多诱人的价值主张所包围，所有这些都为了能吸引客户的关注。

迥然不同的价值主张能解决相同的工作、痛点和收益问题。例如，连锁电影院为吸引客户关注不仅与其他的电影院竞争，还与其他的行业相竞争。比如在家租影碟，外出就餐，访问SPA，甚至带上3D眼镜参加在线虚拟艺术展。

努力了解客户真正关注的事项。为了想象全新的价值主张或进行大幅改进，需要研究价值主张直接解决的工作、痛点和收益之外的方方面面。

了解你的客户，而不仅仅是方案。为了了解如何改进价值主张或发现一个新的价值主张，我们需要挖掘出对客户最重要的工作、痛点和收益。

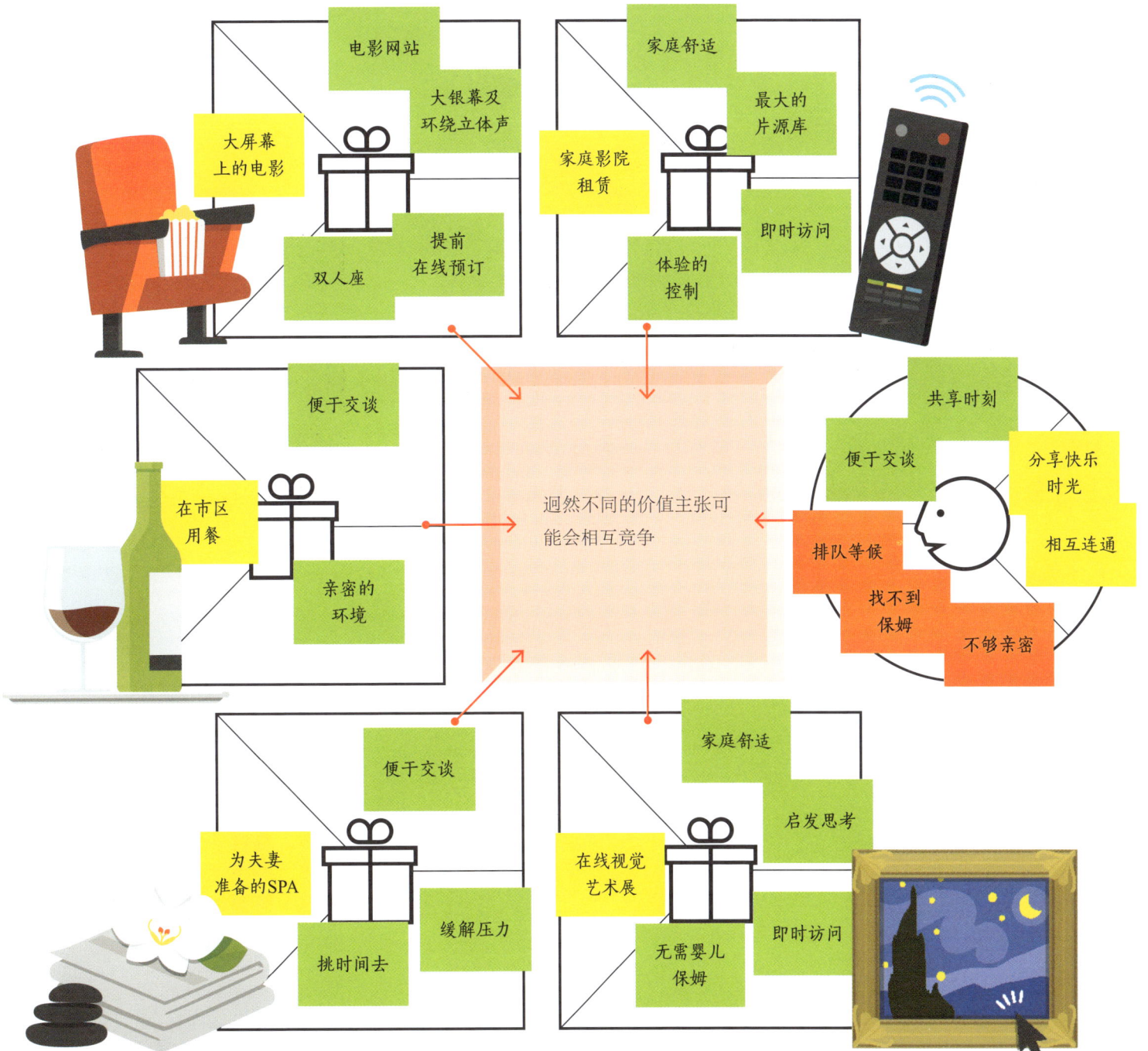

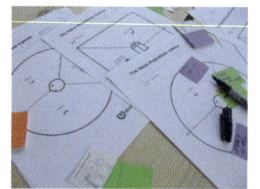

经验总结

客户概况

使用客户概况来显示什么对客户是重要的。详细说明他们的工作、痛点和收益。用一页篇幅的可行性文件来向你的组织沟通客户概述,以达成对客户概况的共识。使用记分板跟踪以确定哪些假定的客户工作、痛点和收益是真实存在的。

价值图

使用价值图明确你如何相信你的产品和服务能缓解客户的痛点和创造收益。用一页篇幅的文件向你的组织沟通此价值图,以使他们了解你打算如何创造价值。当你对客户进行验证时,使用记分板跟踪确认你的产品是否能真正缓解痛点和获得收益。

契合

问题–方案契合:证明使用你的价值主张能解决客户关心的工作、痛点和收益。

产品–市场契合:证明客户想要你的价值主张。

商业模式契合:证明专为你的价值主张打造的商业模式是可实现和可盈利的。

价值主张画布

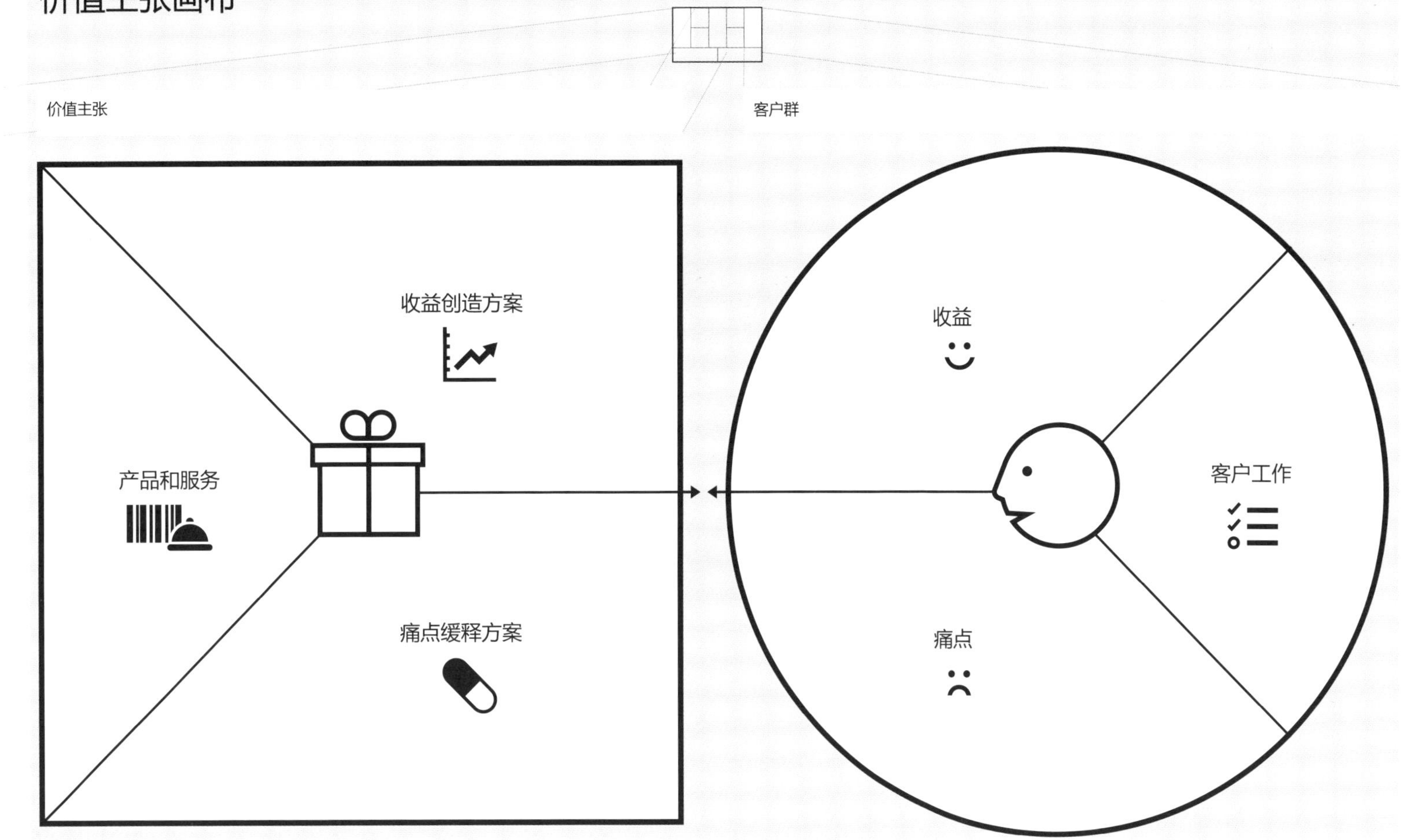

价值主张

客户群

收益创造方案

产品和服务

痛点缓释方案

收益

客户工作

痛点

Strategyzer
strategyzer.com

 下载价值主张画布

设计、验证、重复

寻找满足客户工作、痛点和收益的价值主张是一项在设计模型和验证间持续、反复的工作。过程是反反复复的而非连续性的。价值主张设计的目标是尽可能快地验证创意以便学习、创建更好的设计，然后再验证，不断重复。

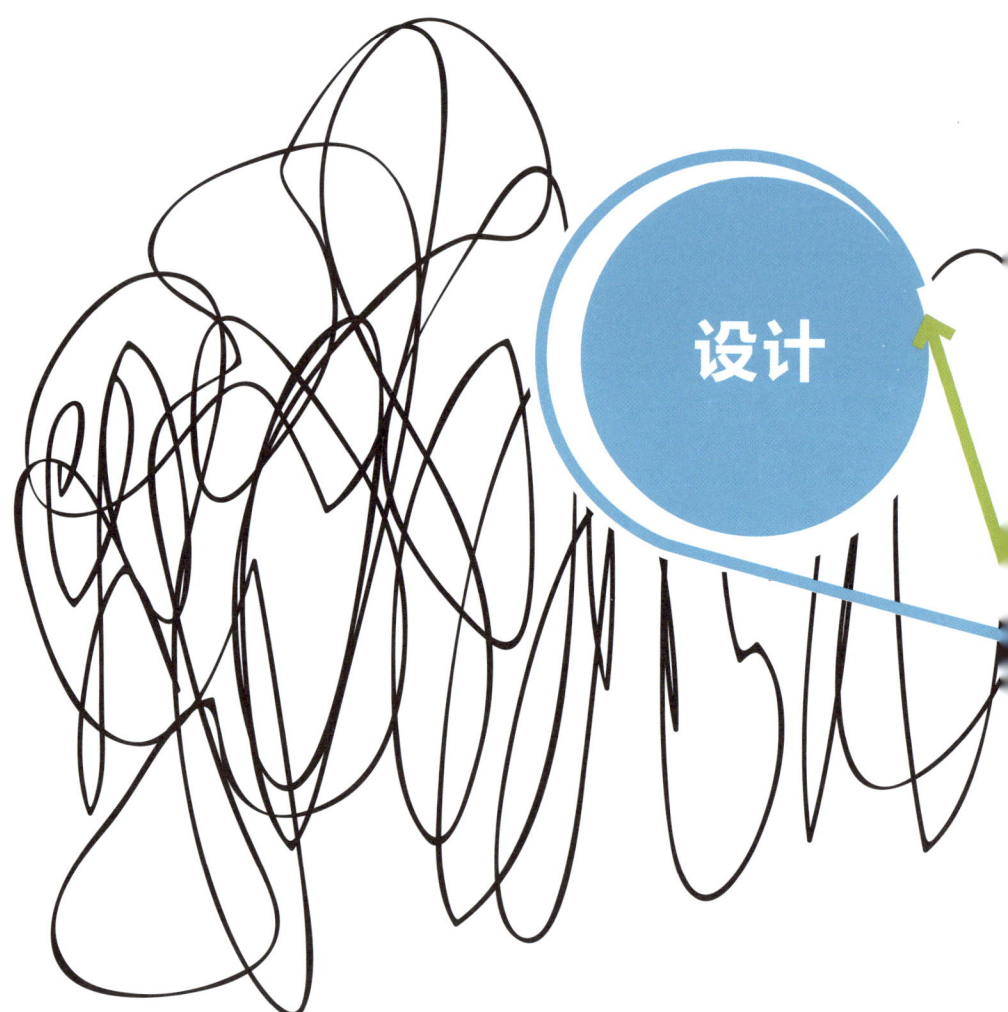

it

2

基于你的一个出发点(第86页)启动具有创建原型可能性(第74页）的价值主张设计，通过了解客户(第104页）来形成你的价值主张，然后通过做出选择(第120页）来挑选出那些你希望深入研究的价值主张，并且发现正确的商业模式(第142页）。如果你是一个已经存在的公司实体，那么通过在现有的组织中设计(第158页）去发现更多的特性。

形成你的创意

设计是一种把你的创意变成价值主张原型的活动。它是一个在创建原型、客户研究和重新形成你的创意这三者间持续的循环。这种设计可以始于创建原型或者客户发现。我们将在下个章节中探索设计活动是如何推进测试活动的。

创意，出发点，见解

➲第86页

全新的或者改进的价值主张的出发点可能来自任何地方。它可能来自你的客户洞察➲第116页，或者从对原型的探索中➲第76页，或者从很多其他的资源得来➲第88页。确保不要爱上你的早期创意，因为这些创意绝对会在创建原型➲第76页、客户研究➲第104页和测试➲第172页的过程中彻底改变。

创建原型可能性

➲第74页

用一个快速创建、廉价和粗浅的原型来形成你的创意。用餐巾纸草图➲第80页，即兴思维模型➲第82页和价值主张画布➲第84页使它们变得有形。不要太早被一个原型牵绊。确保你的原型粗浅，这样可以探索更多的可能性，而且也很容易抛弃它们，进而找到能够从客户➲第240页苛刻的测试过程中硕果仅存的最好原型。

了解客户

➲第104页

在早期客户的研究阶段提出你的创意和原型。挖掘现有数据➲第108页，与客户交谈➲第110页，并且把你自己融入他们的世界➲第114页。不要太早把你的价值主张原型给你的客户看。使用早期的研究深度了解你的客户的工作、痛点和收益。发掘出真正对他们有意义的东西来创建你的价值原型才有可能从客户➲第172页苛刻的测试环节中保存硕果。

成功的价值主张的10大特性

在我们学习如何能设计出成功的价值主张之前,让我们停顿片刻,考虑一下成功的价值主张应该具备怎样的特性。我们提供10种特性帮你开始。请不要犹豫,加入你自己认为的特性。成功的价值主张……

使用贴纸收集"成功价值主张的10个特性"

1

被嵌入在一个成功的商业模式中

2

关注对客户最为重要的工作、痛点和收益

3

关注令人不爽的工作、未解决的痛点和没有意识到的收益

4

定位在那些只需要解决一点就可以给客户带来很大改善的工作、痛点收益上

5

超越功能性的工作,涉足情感性和社交工作

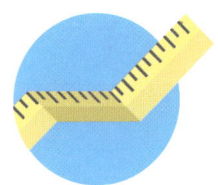  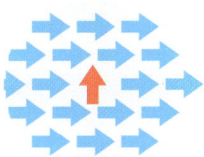  

6 与客户定义成功的标准保持一致

7 关注那种大多数人都有的或者是少部分人愿意花重金去改善的工作、痛点和收益

8 区别于竞争对手关注的客户的工作、痛点和收益

9 至少在一个方面远远超越竞争对手

10 很难被复制

2.1
创建原型可能性

什么叫创建原型？

通过对你的创意进行快速和简单的学习来探索多种可替代原型，形成你的价值主张，并且从中发现最好的机会。创建原型正如在设计专业中非常普遍的制作手工样品一样，在测试与产生实实在在的产品和服务之前，我们使用它去概念化价值主张并快速探索各种可能性。

定义

创建原型

快速、廉价和简单地树立学习模式，了解可替换价值主张和商业模式的期望值、可行性和活力。

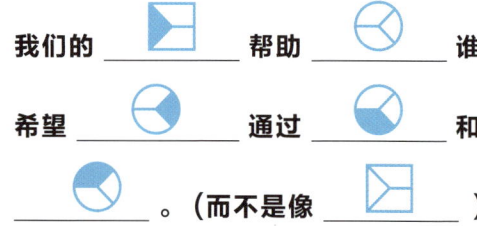

在细化一个原型之前，使用一下创建原型的技巧来快速探索同一个创意的许多截然不同的方向。

餐巾纸草图

➲第80页

用餐巾纸草图草拟出多种可替代项。使用一张草图画出你的创意可能会引出多个方向。

即兴思维模型

➲第82页

通过简短的即兴思维模型填空来查明不同的替换项是如何创造价值的。

贴士
- 花5~15分钟描绘出你的早期模型。
- 总是使用一个可见计时器，然后坚持一个预定的时间框架。
- 不要花太长时间讨论原型的一个可能方向。快速多找一些方向，然后比较。
- 要不断提醒自己，创建原型只是一个探索工具。不要花时间去细化原型，因为随着探索的深入，它可能会发生根本性变化。

价值主张画布
➔第84页

通过价值主张画布来充实各种可能的方向，了解每个替代项落脚的工作、痛点和收益。

价值主张的体现
➔第234页

在建造前，通过赋予价值主张生命活力帮助客户和合作伙伴了解潜在的价值主张。

最小化可行性产品
➔第222页

制作一套最小特征化的样品来给你的价值主张赋予生命，并且可以提供给客户和合作伙伴用来测试。

更多内容在第三部分"测试"，➔第172页

创建原型的10大原则

释放原型的力量。反对花费大量的时间和精力去细化一个方向，取而代之的是使用这里描述的原则花相同的时间和精力去探索不同的方向。你会学到更多而且会发现更好的价值主张。

收集"创建原型的10大原则"报事贴

1
把它变得可视化和有形
这种形式的原型可以激发讨论和学习。不要陷入漫无目的的空谈。

2
抱着一种初学者的创意
塑造原型考虑那种"还有什么没做到"的方面。探索时抱着一种全新的思维设定。在探索的时候不要受到已有经验的影响。

3
不要满足最初的创意，要创建多个可替代项
太早喜欢你的创意会阻止你创造和探索更多的替代项。不要太快爱上最初的创意。

4
轻松活在"液态"下
在这个过程的前期，正确的方向一般都是不明确的，可以说是一种"液态"的状态。不要惊恐万分，把事情固化得太早。

5
开始时保持低忠诚度，迭代细化
如果细化了原型就很难把它抛开。让它保持粗糙、快速和廉价，随着深入了解哪种可行、哪种不可行，再进行细化。

 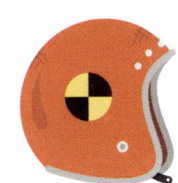   

6
尽早曝光你的工作以寻求批评意见
在细化你的工作前，尽早寻求反馈。不要主观化负面的反馈。因为这些对于改进你的原型非常有价值。

7
从早期常犯的、代价小的错误中更快地学习
害怕犯错往往会拖住人们探索的脚步。克服这种心态，在一种敢于创建粗糙和快速的原型的环境下工作，可以使错误变得更廉价而且可以进步得更快。

8
使用有创造力的技巧
使用有创造力的技巧去探索开创性的原型。敢于在你的公司和行业中打破常规。

9
建立"史莱克模型"
"史莱克模型"一般是那种你不大会建立的、极端的或者离经叛道的原型。使用它们去激发讨论和学习。

10
跟踪所学的知识、见解和进展
持续跟踪你的所有可替换原型、所学的知识和见解。你可能会在随后的创建原型中用上早期的创意和见解。

用餐巾纸草图让创意变得更加可视化

目标
快速可视化价值主张创意

产出
餐巾纸草图形态的可替换原型

餐巾纸草图是价值主张和商业模式的一种粗略的表现形式。它着重突出核心创意,并不体现如何运作。餐巾纸草图粗略到画在一张餐巾纸的背面,但是仍然可以用来沟通创意。在创建原型的早期,使用它去探索和讨论多种可替换项。

什么叫一张餐巾纸草图?

餐巾纸草图是一种让你的创意变得更有形和可分享的廉价方式。它能让你避免深入到如何去运作一个创意的具体程序中,进而牵扯到如何执行的问题。

餐巾纸草图有什么用?

在早期的价值主张设计阶段中,使用餐巾纸草图快速分享和评估创意。它可以粗糙到让你可以毫无负担地随时抛弃之前的创意而去探索更多的可替代项。你也可以使用它去收集客户的早期反馈。

警告

确保大家了解餐巾纸草图只是一个用来探索的工具。在模型创建和测试的阶段,你会淘汰很多或者转化很多你之前设计出来的创意。

最好的餐巾纸草图……

只包含一个核心创意或者方向(创意在稍后能被合并)。

只解释创意是关于什么的而不描述它是怎么运作的(还没到流程和商业模式这一步)。

让描述的内容简单到一眼就能看明白(详细的内容在更加细化的原型里再讨论)。

10~30秒就能讲解清楚。

自助商店

宜家家居

客人从我们商店买到零散的配件,然后自己组装。

私人银行

银行

我们的每个客户都有一个私人的顾问,可以提供定制化的建议和服务。

3

讲解·每组30秒

每个小组出一名成员上台讲解（大的）餐巾纸草图。每次讲解应该不超过30秒，只需讲解清楚创意是关于什么的，不需要解释如何运作。确保每组都有不同的见解或者让每个人都走到画板前。

4

展示

将所有的餐巾纸草图全部罗列在一面墙上，这样你就能对多种可替代方向有一个整体的认识。

5

民主·10~15分钟（最好在休息一会以后进行）

给每个参与者发10张贴纸用于投票选出最喜欢的创意。可以把所有的票都投给一个创意，也可以分别投给几个餐巾纸草图。这不是一个决策的机制。它只是一个突出参与者最感兴趣的创意的流程。⊃第138页

1

头脑风暴·15~20分钟

使用不同的头脑风暴技巧，比如启发式问题⊃第15、17、31、33页或者"假如"式问题，为有趣的价值主张产生大量可能性的方向。在这一阶段，不用担心选择，这些都是一些快速、简单的原始模型，将来会从根本上发生改变。

2

绘画·12~15分钟

将参与者分组，每组快速为三个价值主张找到与之对应的三个创意。每组把一个餐巾纸草图画在一个画板上。只画2~3个餐巾纸草图来增加多样性和减少无休止的讨论。

6

创建原型

重新分组继续为从三个创意中得票最多的一个创意绘制一张价值画布。可能不同组针对那个得票最多的价值主张又会有不同的分配。

使用即兴思维模型快速创建可能性

目标
快速形成价值主张方向

产出
以"可解说的"句子形式呈现的可替换价值主张

即兴思维模型是一种为你的价值主张快速形成可替换方向的很好的方法。通过这种方式强迫你查明你要怎样准确创造价值。通过在以下模型中填空,塑造3~5个不同的方向。

下载模版

我们的  _____
产品和服务

帮助  _____ 谁
客户群

希望  _____
完成工作

通过  _____ 和
你自己的动词(比如减少、避免)

 _____ 。(**贴士** 或者一直写到此处:) 而不是像  _____)
你自己的动词(比如增加、实现)   竞争公司的价值主张

我们的 ____[书]____ 帮助 ____[商务人士]____ 谁

希望 ____[改善或者建立业务]____ 通过 ____[避免][做出没人要的东西]____ 和

____[创造][明确的指标来裁量进度]____。

用价值主张画布
来丰富创意

目标
清晰地描绘出不同的创意是如何创造客户价值的

产出
以价值主张画布形式体现的可替换原型

用价值主张画布快速描绘出可替换原型，就像你在画餐巾纸草图和使用即兴思维模式一样。不要使用画布细化最终创意，而是把它用作一个探索工具，直到找到正确的方向。

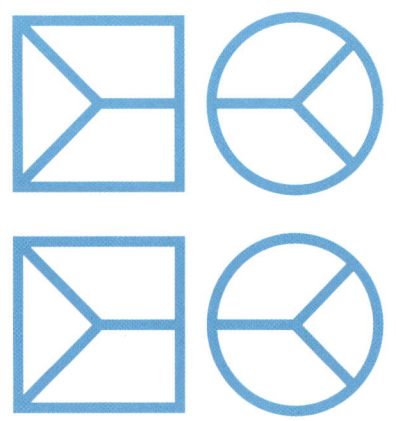

使用可视化的计时器来限制在一个特定原型上花费的时间。早期原型不要花费太长时间。

不要害怕创建极端方向的原型,即便你知道你不会去这么操作,只是为了探索和学习。

2.2 出发点

从哪儿开始

与流行的创意相反,成功的价值主张并不总是从客户开始。但是,它们确实结束于解决客户关注的工作、痛点和收益问题。

在这一部分,我们提供16个触发区域来开始新的或者改进的价值主张。你可以从客户、你的现存价值主张、你的商业模式、你的当前环境开始,也可以从其他产业和部门的商业模式和价值主张开始。

收集"创新出发点"报事贴

你是否能……

↑ 放大

模仿别的部门和产业并且"引进"一个开创性的模式?

基于一个新的技术趋势或者采用一项有利的规则来创造价值?

产生一个竞争对手不能复制的价值主张?

产生一个基于一个新的伙伴关系的价值主张?

在你现有的活动和资源上建立,包括专利、基础结构、技能、客户基础?

戏剧化地改变你的成本结构,从根本上降低你的价格?

为特定的客户概况制订一个新的收益创造方案?

联想到一种新的产品或者一种新的服务?

为特定的客户概况制订一个新的痛点缓释方案?

↓ 缩小

你的商业模式环境

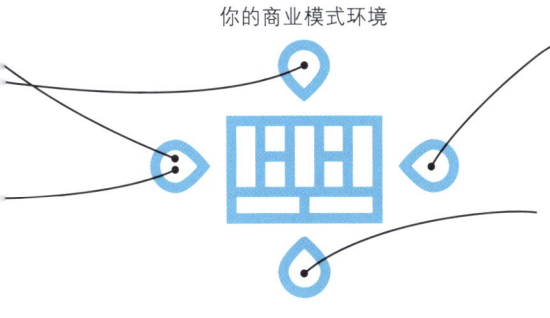

使你的价值主张适应于一个新的或者现存的客户群,就像新兴市场上不断壮大的中产阶级?

为一个新的宏观趋势设计一个价值主张,就像西方国家不断增长的医疗费用?

你的当前商业模式

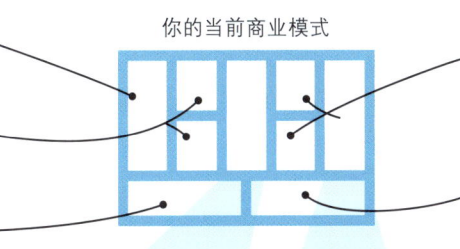

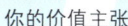 撬动你的现存关系和渠道以提供给客户一个新的价值主张?

抛弃你的核心产品让其免费,在其他关联项目上提高价格?

你的价值主张

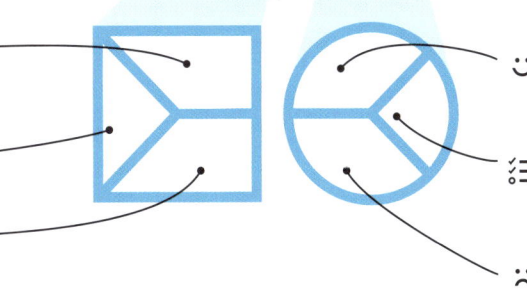

关注对你的客户最为必要的、未意识到的收益?

揭示一份新的、让人不爽的工作?

解决让你的客户最头疼的痛点?

用设计约束点激发创意

用设计约束点强迫人们在一个成功商业模式下，考虑创新性的价值主张。我们举出五个约束点。你可以在你的产业中借鉴这些企业的价值主张和商业模型。毫不犹豫地提出更多的约束点。

目标
强迫你跳出框框思考

产出
不同于你"稀松平常"的价值主张和商业模式

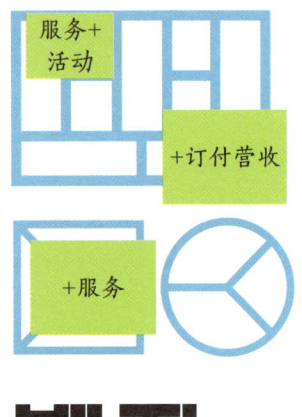

服务化

约束点：从一个基于产品销售的价值主张转向一个基于服务输出的价值主张，从一个订付模式产生营收。

喜力得（Hilti）从一个售卖机具给施工人员的模式转变成为租赁工具管理服务给建筑公司管理者的模式。

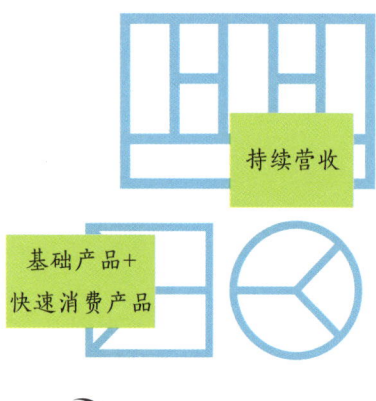

剃须刀片

约束点：创立一个包含基础产品和快速消费产品的价值主张来持续产生营收。

奈斯派索（Nespresso）将意大利浓咖啡的销售从交易型业务转变成直接咖啡机售卖以产生持续营收。

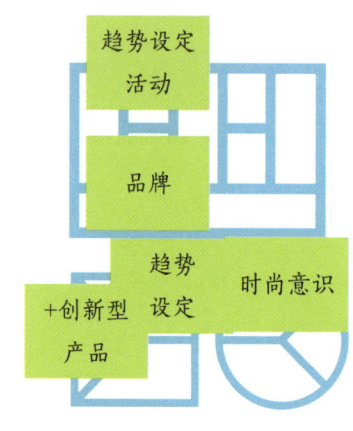

潮人

约束点：把一项技术（创新性）转化成一个时尚趋势。

斯沃琪(Swatch)通过一款减少几个零件、便宜制成的塑料表和通过将创新的生产技术转变成一个全球时尚潮流的方法征服世界。

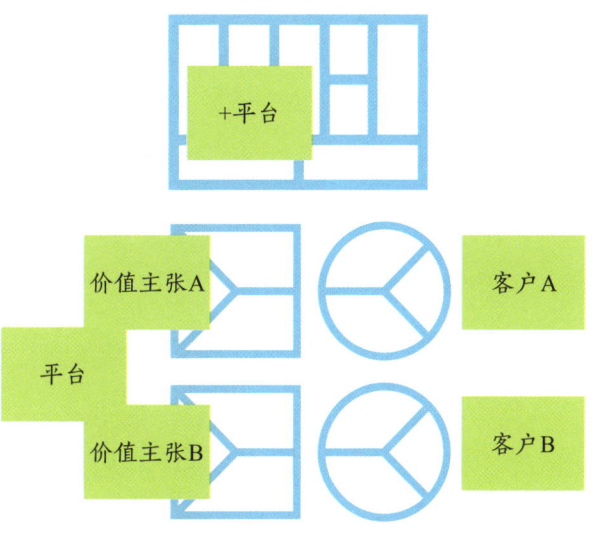

低成本

平台

约束点：缩减核心价值主张到它的基础特征，使用一个低价格去瞄准未服务和已服务的客户群，通过售卖所有的东西作为一个额外的价值主张。

西南航空（Southwest Airlines）通过几乎把它的价值主张减至最低，为从A点到B点的飞行提供低价，进而变成了最大的廉价航空公司。它们开创了一个新的领域。

约束力：建立一个包含多种并能够给每个个体提供专属价值主张的、可实现的平台模式。

空中食宿（Airbnb）通过联系旅行者和那些愿意把自己的房子短期出租的人，使得入住全世界的私人住宅得以实现。

贴士

- 如果有机会，把不同的约束点指派给不同的工作组，这样可以让你同时并行探索多个可替代项目。
- 使用代表你行业的竞争约束点，比如免费价值主张、利润缩减等。

下载约束点卡片

从一桌书和杂志中产生好创意

目标	产出
拓展视野和产生新创意	从相关话题及最新趋势中产生创意

使用畅销的书、杂志为全新的和革新的价值主张与商业模式产生新的创意。这是一种快速有效的办法,能把你自己融入多种相关和流行的话题中,而且立足当前趋势。

把书本带进一个工作坊就像把世界上最好的思想者请来一起参加头脑风暴一样。这样你就能在同一时间请得起他们来一起为你工作。

1

选书

选择一系列能代表一种趋势、重要话题或者大创意的书和杂志,放在一张大桌子上。让参加者每人选择一本。

- 大规模协作改变价值创造方式
- 电子商务发展迅猛
- 环境改变意识、影响消费行为
- "共享型经济"的兴起
- 满足和超越世界上所有人的基本需求
- 数字时代是如何不一样运转的
- 制造业运动的浪潮

2

浏览和提取

参加者浏览他们选的书,捕捉最好的创意并记录在贴纸上(45分钟)。

贴士
- 选择关于社会、科技和环境的书，可以把参加者推离他们熟悉的领域。
- 避免复杂的商业理论和方法论。
- 加入作者演讲的优酷视频。
- 使用餐巾纸草图来分享你的价值主张创意。

3

分享和讨论
参与者四个或五人一组分享他们的发现，然后在一块白板上记录下他们的见解（20分钟）。

4

头脑风暴可能性
每组根据他们的讨论产生三个价值主张创意（30分钟）。

5

讲解
每组跟其他组分享各自的可替换价值主张。

下载"大主意书的清单"

推动vs.拉动

推动与拉动之争一直普遍存在。推动指的是你从自己拥有一项技术或者一个创意开始你的价值主张。而拉动表示你基于客户实实在在的工作、痛点和收益开始你的价值主张。这是两种很普遍的出发点，我们在 ➡第88页已经讲过。根据你的偏好和环境来做出相应的适合的可行性选择。

技术推动

从一项发明、创新或者（技术性的）资源出发开发一个涉及客户工作、痛点和收益的价值主张。简单地说，这就是一个由研究一个问题得到的解决方案。

与感兴趣的潜在客户群一起探索基于你的发明、创新或者技术性资源的价值主张原型。为每个客户群设计一份专用的价值图直到你最终找到适宜的问题解决方案。详细请见 ➡第186页关于创建、测量、学习循环等内容。

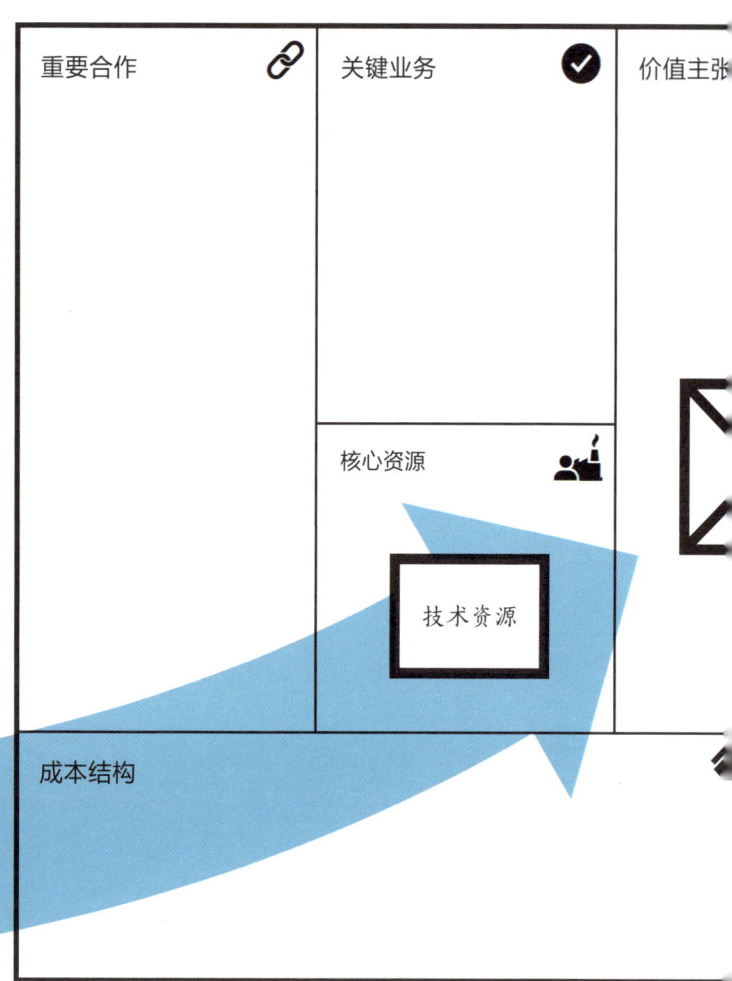

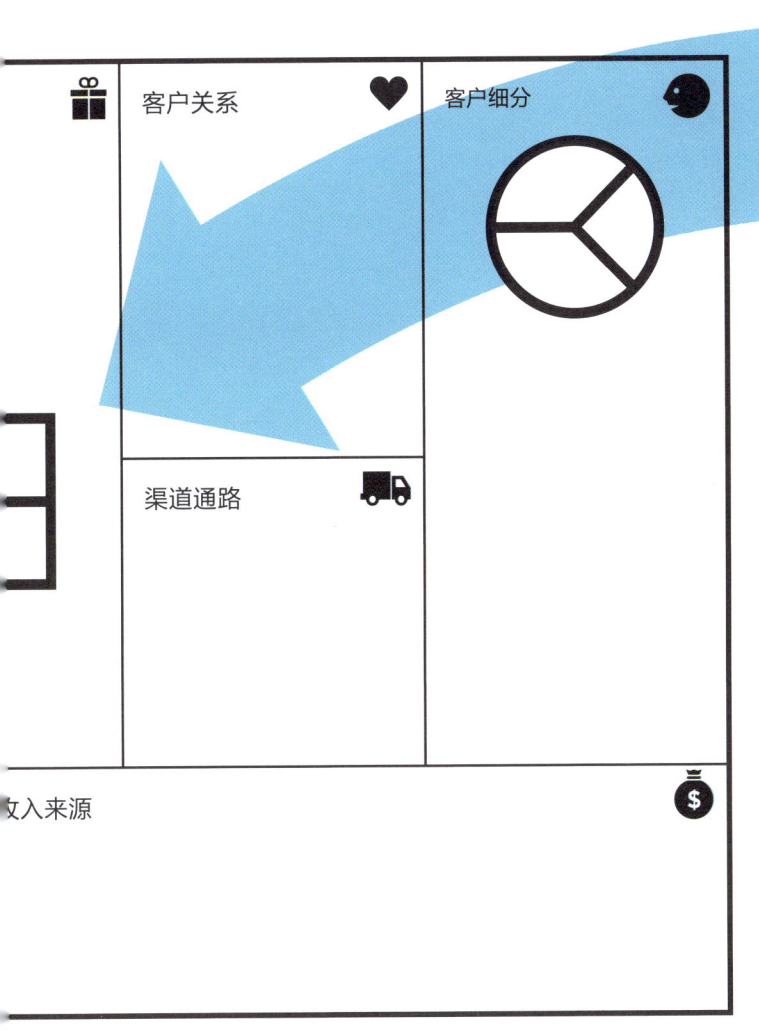

市场拉动

  从一个明显的客户的工作、痛点或者收益去设计一个价值主张。简单地说，这就是一个研究解决方案时发现的问题。

  学习每个涉及客户实际工作、痛点和收益的价值主张原型设计都需要什么技术和其他资源配置。重新设计你的价值图，调整资源直到你发现涉及客户工作、痛点和收益的可行性解决方案。详细请见➲第186页关于创建、衡量、学习的循环。

推动：研究工作、痛点和收益的技术

目标	产出
无风险实践技术驱动的方法	改进的技能

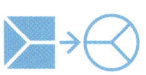 从解决方法开始这个推动练习

1

设计

设计一项基于洛桑联邦理工学院（EPFL）出版摘要的突出技术，定位在对这项技术可能感兴趣的客户群上。

"太阳能和风能资源都是将来用于发电的重要备选……然而，太阳能和风能的产能高峰时段通常不一定能够符合用电的高峰时段。因此，必须设计出一种可以储存，同时可以在以后随时使用已发电的方法。

2

设想

产生一个使用压缩空气能源存储的价值主张的创意。

EPFL花费10年多时间研究一个独创的储存系统：压缩空气。通过使用一个液压活塞装置产生最好的系统性能……产生的高压空气可以被安全无损地存储在钢瓶中，直到需要用电的时候再释放空气发电。我们这套系统的好处之一就是不需要什么稀有的材料。

3

客户群

选择一个可能对这个价值主张有兴趣并且愿意对此支付的客户群。

为了开发这套理论，实施了一次资产分割，并且创立了'交钥匙'的电力储存和回收单元。2014年，一台25kW的试点设备被安装在朱罗省的光伏产业园……将来，会上马250kW的安装设备，随后会上马2500kW的设备。"

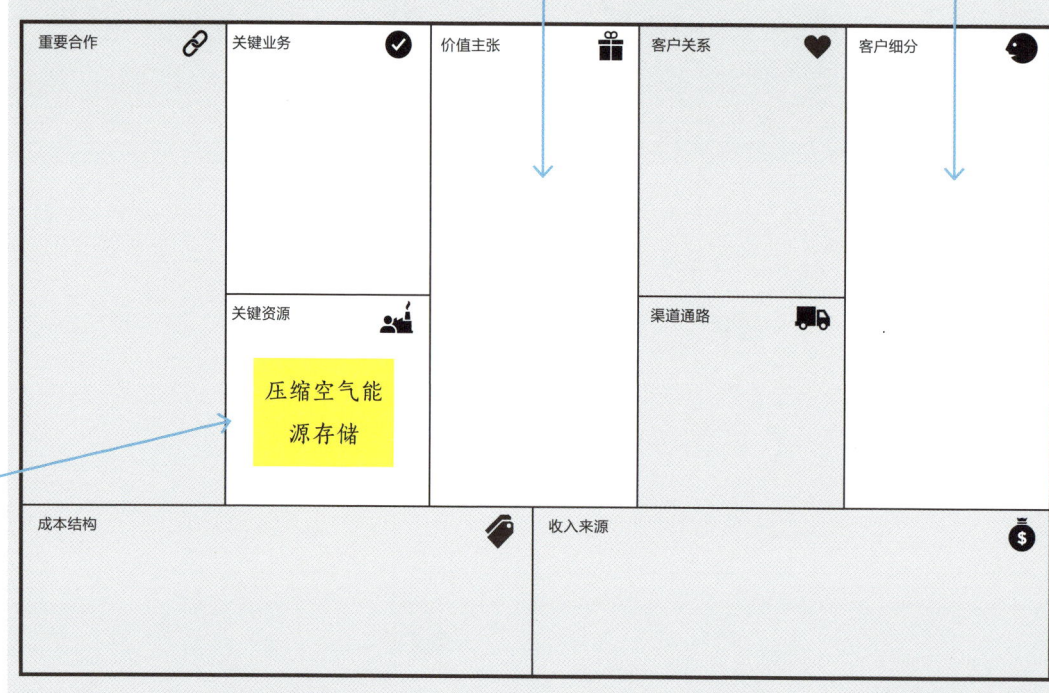

贴士

- 技术推动练习中加入设计约束点。你的组织可能并不想涉及一些特定客户群（比如B2B、B2C、特殊领域等）。或者你可能倾向于一些特定的战略方向，比如颁发许可而不是制订解决方案。
- 当你选定一个潜在的、有兴趣的客户群时，通过研究客户➔第104页和制造证据➔第172页来跟进你的客户假设。

缩小

4

建立档案
描画客户概况。假设需要处理的工作、痛点和收益。

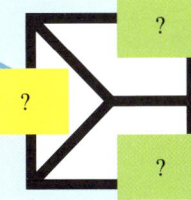

5

描画
通过描画如何消除客户痛点和创造收益来细化价值主张。

6

评估
评估客户概况和设计的价值主张之间的匹配度。

下接➔第152页

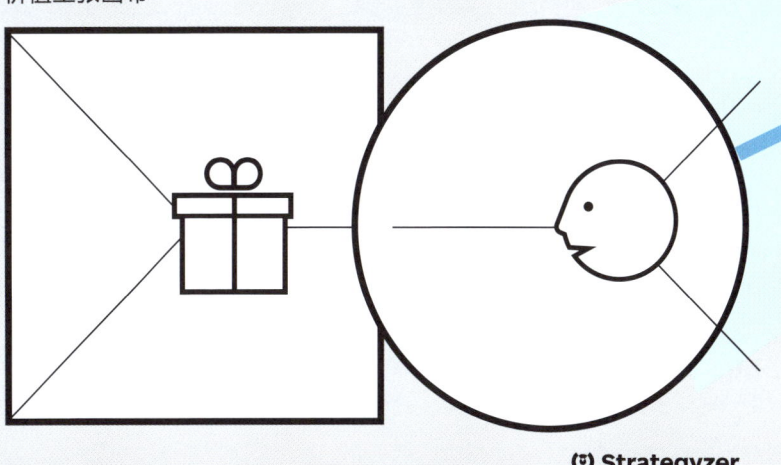

拉动：定义高附加值工作

成功的价值主张创造者精通对重要工作、痛点和收益的关注艺术。你要怎样知道哪些工作、收益和痛点值得关注呢？通过判断它们是否是重要的、有形的、令人不满的、有利可图的来定义高附加值的工作。

具有痛点和收益特征的高附加值工作都是……

 +  +

重要的

当客户在完成工作时，成功或者失败的结果能够分别带来重要的收益和严重的痛点。
- 工作的失败是否会导致严重的痛点？
- 工作的失败是否会导致错失重要的收益？

有形的

一个工作、痛点和收益能被感觉到或者很快体会到，或者经常体会到，而不是几天几周后才被体会到。
- 你能感觉到痛点吗？
- 你能看到收益吗？

令人不满的

当目前的价值主张不能用一种令人满意的方法帮助缓解痛点或者创造收益,抑或直接就没有这种价值主张。
- 是否有未解决的痛点?
- 是否有未意识到的收益?

有利可图的

很多人都有的相关痛点和收益的工作,或者少数客户愿意花大价钱的痛点和收益。
- 是否有很多人都有这些工作、痛点和收益?
- 是否有少数愿意花大钱的人?

高附加值工作

关注高附加值的工作和相关的痛点与收益。

Based on initial work by consultancy, Innosight.

拉动：工作选择

目标
定义你可以关注的高附加值的客户工作

产出
从你的角度给客户工作排序

 这个拉动联系开始于客户

想象你的客户是一位首席信息官（CIO），并且你需要了解哪些工作对他来说是最不可或缺的。通过这个练习给他们的工作进行重要性排序或者在你自己的客户概况上加以应用。

贴士

- 这个练习帮助你从客户的角度给这些工作进行重要性排序。它并不表示你需要命令式地找到存在于价值主张中的最重要的工作；它们有可能在你设定的范围之外。然而，要确保你的价值主张涉及的工作与客户高度关联。
- 成功的价值主张通常只关注那种解决一点问题就能很好地改善的工作、痛点和收益。
- 通过得到客户洞察➔第106页和创造证据➔第216页的实验来补充这个练习。

客户概况

汇总一个CIO的客户概况

绿色便签： 全面整合的系统 / 提供关键商业信息的能力 / 给新系统投资的能力 / 高端管理层的席位 / 执行IT政策的员工 / 时间和预算 / 支持创新 / 快乐的使用者 / 集成的平台（比如手机云）/ 为增加营收做共享 / 统一采购

黄色便签： 确保合法 / 管理职员 / 满足使用者 / 为公司创造价值 / 管理遗留系统 / 管理安全性 / 设计IT战略 / 管理预算

橙色便签： 安全漏洞 / 被解雇 / 设备停机时间 / 预算削减 / 软件升级 / 员工手机配件 / 陈旧的遗留系统 / 预算超支5% / 合规漏洞 / 复杂的IT设备 / 过剩的IT项目需求 / 保持跟紧趋势

Strategyzer
Copyright Business Model Foundry AG
The makers of Business Model Generation and Strategyzer

	• 工作的失败是否会导致严重的痛点？ • 工作的失败是否会导致错失重要的收益？	• 你能感觉到痛点吗？ • 你能看到收益吗？	• 是否有未解决的痛点？ • 是否有未意识到的收益？	• 是否有很多人都有这些工作、痛点和收益？ • 是否有少数愿意花大钱的人？	关注高附加值的工作和相关的痛点与收益。
工作	重要的	有形的	令人不满的	有利可图的	高附加值工作
为公司创造价值	•••	•	•••	••	= 9
设计IT战略	••	•	••	••	= 7

计分尺度：从 •（低）到 ••••（高）

Based on initial work by consultancy, Innosight.

六种方法基于客户概况的创新

你已经绘制了你的客户概况。接下来要做什么呢？这里提供六种方法来触发你的下一个价值主张步骤。

你是否能……

涉足更多的工作？

切换到一份更重要的工作？

超越功能性的工作？

涉足一整套的工作，包括相关的和辅助的工作。

帮助客户解决一个不同于目前大多数价值主张关注的工作。

通过超越职能性工作的视角，完成重要的社交和情感性工作来创造价值。

有了iPhone，苹果不仅重新改造了手机，而且使我们能够在一个设备上储存、播放音乐以及浏览网页。

喜力得作为机具的制造商，需要了解建筑管理者以确保进度、避免罚款，而不仅仅只是为了钻几个洞。它们的工具租赁管理方案不仅可以涉足前者，还能兼顾后者。

Mini Cooper制造了一辆车，这辆车不仅是交通工具，也是一种身份的象征。

下载启发性问题

帮助一大群客户完成一项工作？

帮助更多的人解决一项工作，不然就会很复杂或者代价昂贵。

高端网络数据和运算能力以前都是有大笔IT预算的大公司才有的。Amazon.com用亚马逊网络服务使得任何规模的公司和预算都可以享受到相关服务。

逐渐更好地完成一项工作？

帮助客户通过对一个价值主张进行一系列的微改善更好地完成一项工作。

德国工程和电子跨国公司博世针对它的一个圆锯——让客户真正关心的和远超竞争对手的产品特点进行了大范围的改善。

更好地帮一个客户从根本上完成一项工作？

一个新的价值主张在帮助客户完成工作方面明显优于旧的方法，这是新市场创造的内容。

第一个名叫VisiCalc的电子表格，不仅开辟了相关工具的一个新市场，而且开辟了一个跨产业的、简单和可视化运算具有可能性的新领域。

2.3 了解客户

获取客户洞察力的六个技巧

了解客户的视角对设计成功的价值主张至关重要。这里介绍六种技巧帮助你开始。你要确保很好地综合利用这些技巧来深度了解你的客户。

数据侦探

基于目前工作的（办公桌）研究。二手研究报告和客户数据能为你的客户研究提供一个很好的基础。当然，也要看看你所在产业外的数据，并且学习类似的、相反的和邻接产业的数据。

困难度：★

优势：为深入研究提供良好的基础。

劣势：从不同环境得来的统计数据。

➲详见第108页

媒体记者

用与（潜在）客户交谈这种简单的方式获得客户洞察力。这是一种行之有效的做法。然而，客户可能在采访中跟你说的是一套，但在实际中做的却是另一套。

困难度：★★

优势：快速、廉价地启动早期的了解和见解。

劣势：客户并不总是了解他们自己真正的需求，实际的做法可能有悖于采访的回答。

➲详见第110页

人类学者

在现实生活中观察（潜在）客户，得到他们真实行为的、好的见解。了解他们关注的工作和他们是如何完成工作的。记录那些让他们困扰的痛点和他们希望取得的收益。

困难度：★★★

优势：数据提供无偏见的视野，并且帮助发现真实行为。

劣势：很难得到客户对新创意的见解。

➲详见第114页

演员

"变成你的客户",然后实际体验你的产品和服务。花一天时间去扮演你的客户。从你扮演一个(挑剔的)客户的经验中得到见解。

困难度:★★

优势:直接体验工作、痛点和收益。

劣势:也不总能代表你的真正客户或者不一定能应用。

共同开创者

让客户参与价值创造的过程,并向他们学习。与客户一起工作去探索和发展新创意。

困难度:★★★★★

优势:与客户的近距离接触可以帮你获得较深的见解。

劣势:不一定能在所有客户和客户群里推广。

科学工作者

让客户(有意识地和无意识地)参与一个实验,从产出中得到认知。

困难度:★★★★

优势:通过真实世界表现得出以事实为依据的见解,这一点尤其适用于新创意。

劣势:因为严格的(客户)政策和指导方针,不容易在现存组织中运用。

➲详见第216页

数据侦探：从现存信息开始

以前从来没有开创者在开始价值设计之前接触过公司内外现成的信息和数据。使用可用的数据资源作为开始了解客户洞察力的起点。

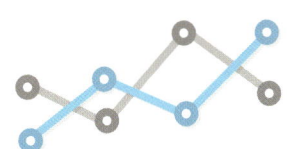

谷歌搜索趋势

比较三个关于你的创意的三个不同趋势的检索项目。

谷歌关键字策划

通过找到五个有关你创意的最多搜索项目，了解对于潜在客户来说什么是流行的。它们被搜索的频率有多大？

政府普查数据、世界银行、国际货币基金组织等

通过网络确定和你创意相关的（政府）数据。

第三方研究报告

以三份现成的研究报告作为你的出发点，用来准备你自己的客户研究和价值主张研究。

社交媒体分析

现存公司和品牌应该：
- 在社交媒体上识别它们品牌的大佬？
- 在社交媒体上识别关于它们的10个最经常提到的正面和负面的内容。

客户关系管理（CRM）

- 罗列最重要的三个问题、抱怨和需求。你可以从你与客户的日常互动中获得（比如支持）。

在你的网站上追踪客户

- 罗列出最重要的三种客户接触到你的站点方法（比如研究、推荐）。
- 发现你网站的10个最流行和最不流行的访问点。

数据挖掘

现存的公司应该挖掘它们的数据。
- 识别三种对它们新创意有用的模式。

资料来源：Siegel & Davenport, Predictive Analytics: The Power to Predict Who Will Click, Buy, Lie, or Die, 2013.

记者：采访你的客户

目标
对客户有一个更好的了解

产出
首次轻易地测试客户概况

跟客户交谈获得与你需求相关的见解。使用价值主张画布来准备采访和整理在你采访阶段会用到的纷乱的信息。

2
制定一个采访提纲

问你自己，你想要知道什么。从你的客户概况中产生采访问题。询问最重要的工作、痛点和收益。

1
建立一个客户概况

描绘出你认为你的目标客户所具有的工作、痛点和收益。把工作、痛点和收益按照重要性排序。

5
回顾采访

评估你是否需要基于了解的信息重新回顾一下你的采访问题。

3
实施采访

通过遵循采访的基本原则来实施采访。这将在下一页详述。

贴士

从所有的采访中捕捉你获得的最重要的见解。

7
合成

为每个客户群建立从你的所有采访中体现出来的独立合成的客户概况。把你最重要的见解写在贴纸上。

4
捕捉

在一个空的客户概况框架上标明你在采访中了解到的工作、痛点和收益。确保你还能捕捉到关于商业模式的信息。写下你最重要的见解。

6
研究每个模式

你是否能发现相似的工作、痛点和收益？哪些是突出的？在不同采访者之间，哪些是相似的，哪些是不同的？

为什么它们相似或者不同？你是否能发现特定的（重复的）环境可以影响工作、痛点和收益？

采访的基本原则

实施一次好的采访是一门艺术，能够为设计价值主张提供相关的简介。确保你关注于发掘真正对（潜在）客户有意义的东西，而不仅仅是给他们讲解解决办法。遵从这一节讲到的原则去实施成功的采访。

收集"采访的基本原则"报事贴

原则1

采取初学者的心态。

用"一双新耳朵"来听，避免解释。特别探索没想到的工作、痛点和收益。

原则2

多听少说。

你的目标是听和学，而不是告知、影响或者说服你的客户。避免浪费时间阐述你的创意，因为这是花钱从你客户那里学东西的时候。

原则3

求得事实，而不是观点。

不要问"你是否能够……"

而要问"你最后一次做……是在什么时候？"

原则4

问"为什么"或者真正动机。

问，"为什么你要做……"

问，"为什么____对你来说这么重要？"

问，"为什么____是个痛点？"

原则5

采访客户的目的不是为了推销（尽管销售是会被涉及的），而是为了学习。

不要问"你是否会买我们的解决方案？"

而要问"在你们购买……的时候，你们的决策标准是什么？"

原则6

不要太早提及解决方案（比如你的价值主张）。

不要解释，"我们的方案可以……"

而要问"对你来说让你犹豫的最重要的事情是什么？"

原则7

跟进。

获得保留你的被采访者联系信息的许可，为了将来可以更多地进行问答或者测试原型。

原则8

总要在最后留个门。

问，"我还可以跟谁谈？"

贴士

- 采访是一个从客户那里学习的很好的出发点，但是通常他们的见解对于制定决定性的决策不一定充分可靠。用其他的研究来丰富你的采访，就像一个好的记者会做更深入的研究去发现人们话语背后真实的故事。把真实世界的客户和实验的观察结果产生的硬数据加入你的研究中。

- 两人一组实施采访。提前决定谁来引导采访，谁来做记录。如果可能，使用记录装置（照片、视频或者其他工具）。但是要意识到，当把记录装置放在桌面上的时候，被采访者可能不会如实反馈。

Fitzpatrick, The Mom Test, 2013.

人类学者：
潜入你客户的世界

深入潜入你的（潜在）客户的世界去获得工作、痛点和收益的见解。客户在他们真实的一天中的所作所为通常不同于他们认为他们在做的或者他们在一次采访、调查或者焦点小组中告诉你的。

B2C：和家人待在一起。

在你的潜在客户家里待几天，和他的家人生活在一起。参与每天的日常生活，了解是什么在驱动这个人。

B2B：在一旁工作、请教。

花时间一起工作或者就跟在（潜在）客户旁边（比如在一次咨询活动中）观察。是什么让他晚上还在忙？

B2B/B2C？

怎样才能让你自己融入你的（潜在）客户的生活里？要有创造力！打破常规。

B2C：观察消费行为。

到一个你的（潜在）客户购物的商店，观察人群10个小时，主要是看看你能不能发现什么模式？

B2C：做一天客户的影子

变成你的（潜在）客户的影子，跟着他一天。记录下你观察到的所有工作、痛点和收益。把他们的时间碎片化，合成并从中学习。

生活工作表中的一天

目标
更细致化了解你客户的世界

产出
客户的一天图表

捕捉你影从的客户最重要的工作、痛点和收益。

贴士

- 观察并做记录。抑制住基于你自己经验的解释。保持客观！像一位人类学者一样工作，并且用"全新的"眼睛和开放的心态去观察。
- 同时注意那些你看见的和你没看见的。
- 不仅捕捉那些你能观察的，而且捕捉那些没说出来的，比如感觉和情绪。
- 客户换位思考是一个很关键的思维方式，可以实施有效的当前环境调查。

时间	活动（我看见的）		记录（我感觉的）
7 pm	睡觉前给孩子刷牙	●	水洒得到处都是让父母很恼火

下载"生活中的一天"工作表

流程

在客户研究中定义模式

目标	产出
使你的客户清晰化	合成的客户概况

分析你的数据并且从你收集到的一大堆客户研究资料中发现一些模式。研究具有近似工作、痛点和收益的客户,或者关注相同工作、痛点和收益的客户,并且制作成独立的客户概况。

1
陈列
把你研究的所有客户概况贴在一面大墙上。

2
分组和归类
如果你能定义工作、痛点和收益,把相似客户概况分组放在一个或多个类别里。

3
合成
把每个类别的所有档案合成为一个总档案。识别最普遍的工作、收益和痛点,并使用独立的标签在总档案里面描述。

4
设计
在你的第一次客户分类尝试之后,开始启动价值主张原型创建。基于总资料里新定义的模式,你可以放心大胆地设计一个或多个价值主张。

合成举例：商业人士/读者的总档案

为建立一个读者的总档案，我们着眼于从采访不同客户的资料中发现工作、痛点和收益。我们使用代表性标签把经常出现的工作、痛点和收益合成到总档案里。

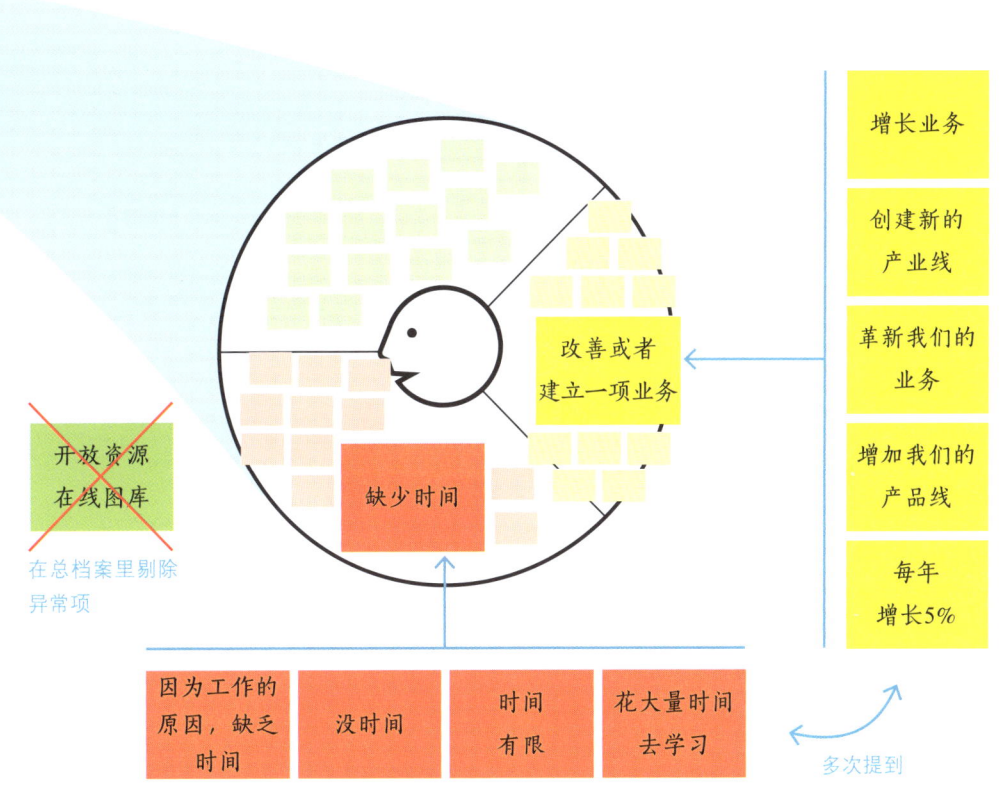

贴士

- 特别关注特殊的档案。它们可能并不相关，但是它们能够代表一个特别的学习机会，有时候最好的发现都来自边缘化的研究。
- 问问你自己一个异常项能否成为领头羊并且成为你需要关注的事情发展的一个迹象，或者它只是一个不同的良性异常。它可能直接超越之前的解决方案，能够更好地解决工作、痛点和收益问题。

发现你的先驱实用者

在研究你的客户和寻找模式的时候,请关注先驱实用者。这个概念由史蒂夫·布兰克提出,用于描述那些愿意并且能够承担风险去尝试一种新的产品或者服务的客户。使用先驱实用者去建立可以立足的市场并通过试验和学习去修改你的价值主张。

5

已经有或者可以得到一笔预算

客户已经承诺或者可以快速申请一笔预算来购买解决方案。

4

已经拼凑出解决方案

工作很重要,客户已经临时拼凑出一个解决方案。

3

积极寻求解决方案

这些客户正在研究解决方案,并且已经有具体的时间表去寻找解决方案。

2

意识到存在一个问题

这些客户明白存在一个问题或者一项工作。

1

存在一个问题或者需求

换句话说,存在一项需要完成的工作。

先驱实用者(earlyvangelist)这个字越来越广泛地用在创业社区里,最早出现在史蒂夫·布兰克所著的《四步创业法》一书中。它是指那些承诺在产品面世前购置公司产品的客户,而且主动向其朋友、家庭或同事传播产品的新闻。——译者注

Steve Blank, Bob Dorf, *The Start-up Owner's Manual*, 2012.

2.4
做出选择

评估你的价值主张的 10个问题

目标
发掘潜力以提升你的价值主张

产出
价值主张评估

用前面提及的10个有关成功的价值定位的问题来持续不断地评估你的价值主张方案。运用这些问题，结合你对客户的了解，来决定哪种模式可以深度探索并在客户群体中进行检验。

在线做这个练习

1

1.它是否被包含在一个好的商业模式里面？

 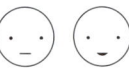

2

它是否关注最重要的工作、最极端的痛点和最必要的收益？

3

它是否关注令人不爽的工作、未解决的痛点和没有意识到的收益？

4

它是否关注那些只需要解决一点问题就可以给客户带来很好改善的工作、痛点和收益？

5

它是否超越功能性的工作，涉足情感性和社交工作？

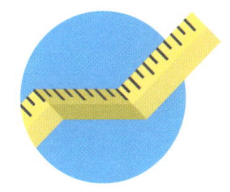  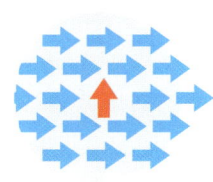  

6
它是否与客户定义成功的标准保持一致？

7
它是否关注那种大多数人都有的或者是少部分人愿意花重金去改善的工作、痛点和收益？

8
它是否区别于竞争对手关注的客户的工作、痛点和收益？

9
它是否至少在一个方面远远超越竞争对手？

10
它是否很难被复制？

模拟客户的声音

目标
"在会议室"对你的价值主张进行压力测试

产出
"在市场"测试前产生更多的强有力的价值主张

你在真实世界测试你的价值主张之前,尽早使用角色扮演把客户的声音和其他利益相关者的视角带进"房间"。

你的价值主张的成功通常取决于一些关键的利益相关者。客户是很明显的一类,但是还有很多其他的利益相关者(比如你公司内部的利益相关者)。挑出最重要的那些,以这些人的视角组织角色扮演去给你的价值主张做压力测试。

贴士
- 确保你选择的人能够明智地扮演利益相关者。谁能最好地代表客户的声音?是销售代表、客户支持者、现场工程师,还是其他的一些贴近客户采购的人?
- 角色扮演并不是要替代客户和利益相关者在真实世界测试你的价值主张,而是从一个利益相关者的视角来帮助你形成你的创意。
- 在你集中分析客户行为之后,角色扮演可以有效地带进客户的声音。

两个工作坊参与者开始一个角色扮演游戏,一个扮演公司的销售代表,另一个扮演一个利益相关者,比如客户。第三个人做记录。

销售代表

记录员

(关键) 客户

通过模仿关键角色的声音来进行角色扮演以快速评估你的创意。

客户

采取客户的观点,并且专注于客户的工作、痛点和收益,挑战价值主张。在一个B2B的环境中考虑终端用户、影响者、买家、决策者和破坏者各方。

首席执行官(CEO)、高级领导和董事会成员

采取公司管理层的视角［比如CEO、首席财务官（CFO）、首席运营官（COO）］，从公司的理念、方向和战略的角度给出反馈。

其他内部利益相关者

为了使你的创意成功，还需要公司里谁采纳？生产是否也是一个环节？或者是否需要说服销售部和市场部？

战略伙伴

你的价值主张可能依赖于与你的战略伙伴的合作。你是否给他们提供了价值？

政府官员

政府在其中扮演什么角色？是推动者还是阻碍者？

投资者/股东

他们是支持还是抵制你的创意？

本地社团

他们是否会影响你的创意？

地球!

你的价值主张会给环境带来什么影响？

理解背景和情境

理解背景和情境

价值定位和商业模型的设计都是有背景、环境的。从你的模型中跳出来绘制整个环境,也就是你设计并选择目前追寻的模式所在的环境。这个环境由竞争、技术变更、法律束缚、改变客户需求以及其他很多元素组成。了解更多请看右图或查阅《商业模式新生代》。

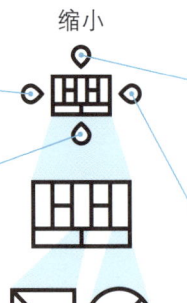

缩小

放大

行业影响力

你所在领域中的核心角色,比如竞争对手、价值链、技术提供者等。

宏观经济影响力

宏观趋势,比如全球市场条件、资源的使用、商品价格等。

核心趋势

构成了你所在领域的核心趋势,比如技术创新、规则束缚、社会趋势等。

市场影响力

在你空间里的关键客户问题,比如增长的客户群、客户切换成本、工作、痛点和收益的改变等。

参与性电视节目

假设你是一个影视产业的参与者。到目前为止,你已经跟主要演员为全球的电影和电视观众创作了一些电影和电视剧,但是你还想另辟蹊径。

现在,你的一个创新团队想要深度探索的创意是:参与式TV,即让观众一起参与电视剧故事情节的设计。

Osterwalder & Pigneur, Business Model Generation, 2010.

插图演示：参与性电视节目

描绘你的环境，并且看看哪些元素看起来像……

- 一个可以强化你的价值定位案例的机会（绿色）
- 一个破坏或者限制这个方案的威胁/束缚（红色）

社交媒体对有热情的观众来说是一个强大的市场渠道。

电视和网络的集成使高参与度体验成为可能。

用户产生的内容不容易盗版。

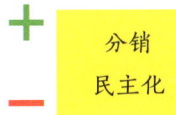

分销 民主化

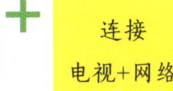

连接 电视+网络

盗版

网络工具使得所有人更容易参与。

大小已经不再重要，每个人都有途径可以接触到数百万的用户。

盗版呈上升趋势。

生产 民主化

让用户/观众离开已经建立的平台，比如Netflix和苹果，是比较困难的。

用户导向的内容可能打乱专业作品的内容。

平台 忠诚度

游戏 产业

网络 一代人

游戏产业当中的参与者在参与分享式的价值定位下可能更具备成功的条件。

订阅 金额

这一代伴着互联网一起成长的用户每天都要上网。

明星人才成本正在下降。

可以产生循环收益（订阅）的定价模型，很适合共同创作者这个集体。

明星人才 成本

价值主张设计vs.竞争对手

让我们把焦点放在你的设计和决策环境当中的一个元素——竞争对手上面。通过比较不同价值定位的战略画布（《蓝海战略》一书中的图文工具），来评估你的价值定位方案与竞争对手的相比，表现如何。这是一个简单但是有力的方法，可以比较和显示如何展现你的价值定位中所谓的"利益"。

在这里，我们展开比较的是价值定位方案的表现和执行教育以及大量网上公开课程（所谓的MOOCs）的表现。我们画了一张战略画布，X轴上标注的是竞争因素，然后划出不同的竞争对手在每一个因素上的表现。我们从自己的价值图里选出竞争的主要因素，并从竞争对手的价值图所包含的要素中加以补充。

价值主张（VP）设计

从你的价值主张中选择出最重要的要素放到战略画布里作为竞争要素。

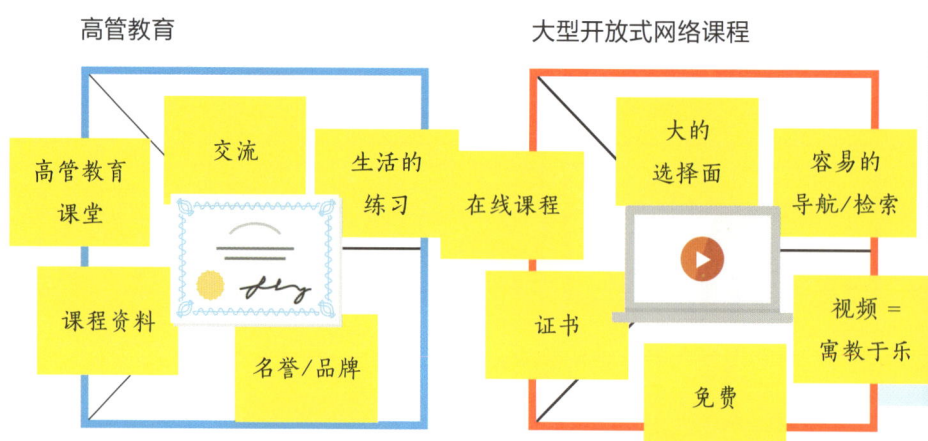

Kim & Mauborgne, Blue Ocean Strategy, 2005.

战略画布

<u>这本书的价值主张</u>vs.<u>高管教育</u>vs.<u>大型开放式网络课程</u>

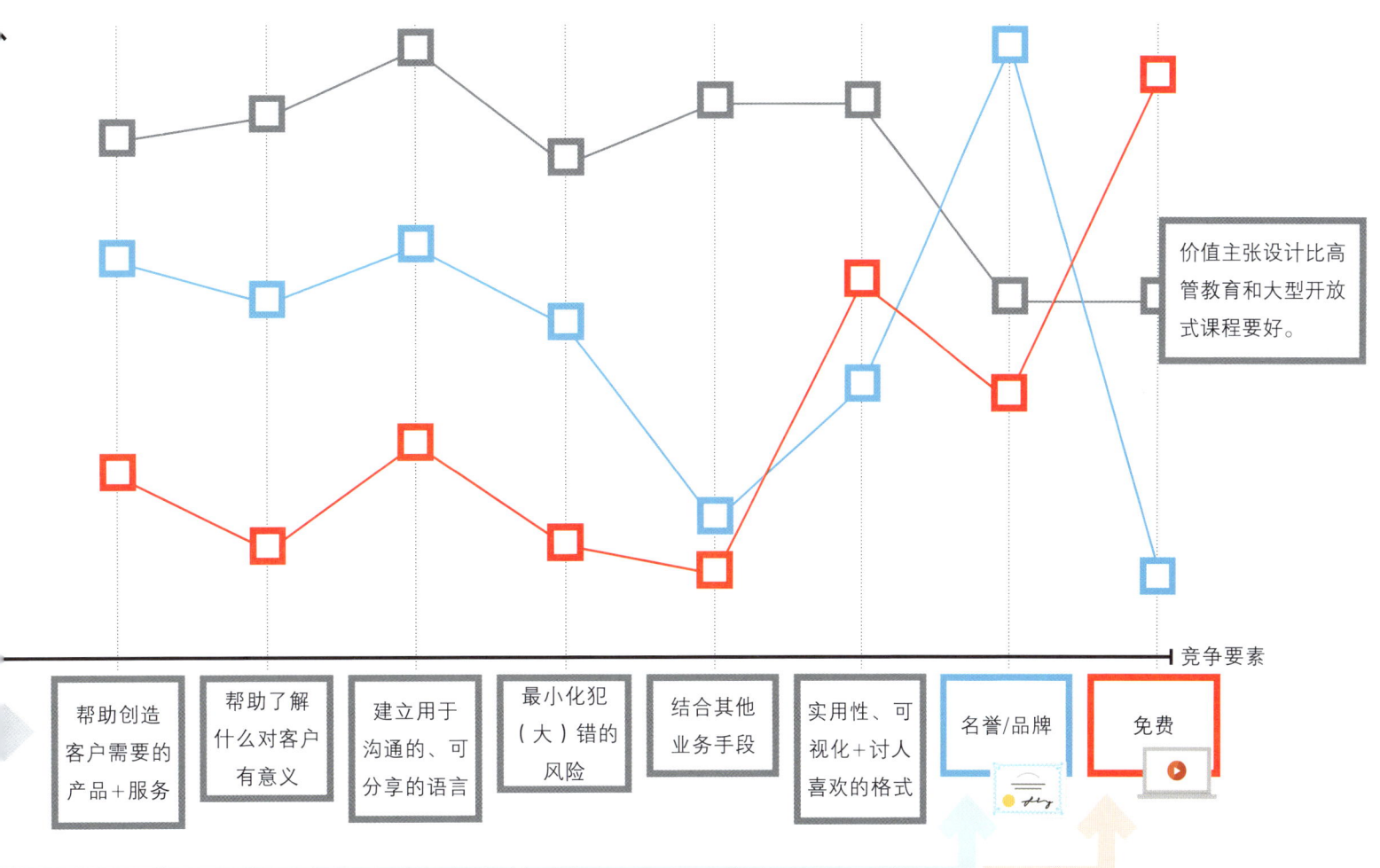

与竞争对手比较你的价值主张

目标	产出
了解在与别人比较时你要如何表现	与竞争对手可视化的对比表

运用《蓝海战略》一书的战略画布，绘制出你的价值定位相比你的竞争对手是如何展现的。然后比较这些曲线来评价你为何与众不同。

说明

一步步绘制一张战略画布，并且与你的竞争对手对比各自的价值主张。

1. 为这个练习准备或者选择一张价值图。
2. 使用一张大纸或者一块白板。
3. 遵从以下步骤。

1

选择一个价值主张

选择你想要用来对比的价值主张（原型）。

2

选择竞争要素

画一条横轴（X轴）。选择出你想与竞争对手对比的痛点缓释和收益生成，把它们放在X轴上。这就是你的战略画布的竞争要素。

贴士

你也可以添加痛点和收益，如果你觉得它们可以更好地表述战略要素的话。

3

给你的价值主张评分

画一条纵轴（Y轴）代表一个价值主张的效能。添加一个从低到高或者从0～10的范围。描绘出你的价值主张在每个竞争要素中的表现（比如你选择的痛点缓释、收益生成）。

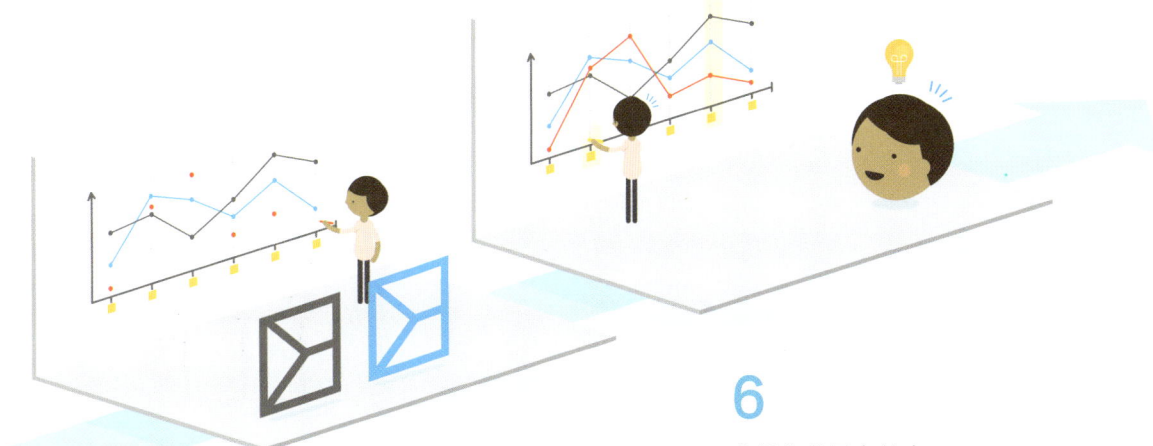

4

添加竞争对手的价值主张

在战略画布中添加竞争对手的价值主张。选择那些在竞争环境中最有竞争力的价值主张。如果有必要，把这些价值主张中的痛点缓释者和收益生成者也放到竞争要素里。

贴士

要考虑到竞争对手的价值主张会超出传统产业的界限。不要仅仅基于和你相似的产品和服务来比较价值主张。

5

评分竞争对手的价值主张

描绘出竞争对手的价值主张表现，就像你画你自己的价值主张画布一样。

贴士

使用这个工具来比较你可能会考虑的可替换的价值主张。

6

分析你的最有效点

分析曲线和未发现的机遇。问你自己如何差别化竞争对手的价值主张和你的价值主张。

贴士

确保你比较的竞争要素与客户概况里首要的工作、痛点和收益相关联。通常应该是这样的，因为痛点缓释方案和收益创造方案，都是为相关的工作、痛点和收益而设计的。

避免认知障碍,获取建设性的反馈

将你的价值主张展示给其他人,收集反馈并获得认可,以补充和丰富我们此章正在关注的"分析性评估"和即将要在第三章"测试"中关注的实验部分。

采用简练且有连贯性、相关性的方式,将你的价值主张中最核心的部分有效地展示给他人。如果花费大量的时间、资源和你所有的精力设计出了一个完美的价值主张,却仅仅因为未能使用一种更加有效且有说服性的方式介绍给他人,之前的精力和投入都将付之东流。

将你的价值主张画布清晰地、真实地绘制出来,对整个价值主张设计过程至关重要。将你早期原型的价值主张介绍给相关人员并获取他们的认可,同时可以在后期设计过程中完善你的演讲稿。

介绍价值主张时,一个非常重要的方面是将客户需要完成的工作、痛点以及客户收益时刻谨记并有效地包含在你传递的信息中。绝不要仅仅只是不停地抛出产品特点,而是多想想你的价值主张如何能帮助客户完成最重要的工作,避免疼痛点发生,并创造有效的客户收益。

演讲者的最优做法

√ 应该做	× 不该做
简单	复杂
有形	抽象
表述重要的	表述所有你知道的
以客户为中心	以特征为中心
一条信息接着一条信息	所有信息一起
正确的媒介支持	没有可视化的支持
有故事情节	随意的信息流

使用低精度的原型让你的创意更有形。

在你的演讲中要多次提及客户的工作、痛点和收益。

1. 从一张空白的画布开始。确保你的听众能有一定的时间了解什么是画布。

2. 选取对你的听众有意义的点,开始你的演示。你可以从产品开始,也可以从客户需要完成的工作开始。

3. 将你的价值主张相关的信息逐条展现给听众,确保你的听众不会由于同时接收太多信息而产生认知障碍。确保你所讲的和所展示的信息处于同步状态。介绍一个你的价值主张如何将你的产品、服务与客户需要完成的工作、痛点和收益相关联的故事。

要实施的画布

高精度的原型

测试数据

客户采访和视频

测试过的画布

未测试的画布

低精度的原型(比如产品盒子)

餐巾纸草图

何时展示以及展示什么

展示何种价值主张原型,取决于你目前处于整个设计和测试过程的哪个阶段。

掌握评论的艺术

获取他人的反馈以帮助完善创意而不是扼杀创意。这取决于演示者如何接收他人的反馈以及评论者如何提出自己的反馈。

向专业的价值主张设计者学习，了解演示者如何通过训练在早期介绍你的价值主张，了解评论者经过训练如何提出有效的批判。这类评论者与日常业务中的评论者不同，日常业务中的评论者通常是公司委员会或者顾问团的高级负责人。他们被训练得非常善于做决定，而不是提供反馈和建议。如果他们不能很快地做出决定，他们会感到不安和不满。

给评论者做必要的培训，帮助他们了解如何提出反馈并帮助不断完善创意（而不是决定创意），使他们了解目前的价值主张还只是一个原型，需要在设计和测试阶段不断完善。原型有可能根据更相关的市场事实从而发生根本性的变化。

给反馈接收者（演示者）提供必要的培训，客户而非评论者才是最重要的决定者，但也需要意识到这些评论者也同样具有影响力。仅仅听从评论者的意见而忽视客户和市场事实只是将失败延迟而已。

获得："批评的艺术大师"招贴画

在一个良好的反馈文化里……

人们在介绍、演示一些大胆的早期创意时感觉到非常舒适，他们知道这些创意将会被不断完善，并有可能演化成一些伟大的成果。

早期展示

区分三种不同类型的反馈

		+	-
意见	"如果我们增加＿＿我相信我们将更有可能成功"	富有逻辑性的推理可以帮助改进价值主张。	它会导致拥有更大权力的人偏执自己喜欢的创意。
经验	"当我们做＿＿项目时，我们了解到……"	过往的经验提供有价值的知识，可以预防代价高昂的错误。	未能认识到不同的场景可能产生不同的结果。
（市场）事实	"我们就此事采访了客户，因此了解到百分之＿＿的人对……"	此类反馈提供了有效输入，减少了不确定性和（市场）风险。	引用了错误的数据或简单来讲，无效的数据可能使得我们错失更大的机会。

领导和决策者需要被培训，为早期价值主张提供反馈并帮助对其加以完善。他们需要知道他们的意见可能会被市场事实推翻，而他们要能够接受这样一个结果。

不要主观评判　　倾听　　完善创意

	不该做 ✗	应该做 ✓
	阻止提出全新（大胆）的创意。	创建一种安全的文化，鼓励大家展示（大胆的）创意。
	仅仅将完善后的创意展示给领导团队和决策者。	创建早期反馈帮助创意快速完善的文化。
	长时间的、没有结构性的、散乱的、耗时的讨论。	组织有人引导的、结构性的评论和讨论过程。
	允许纯意见性的反馈大肆泛滥。	基于经验或者（市场）事实提供反馈。
	创建一个允许政治和个人话题充斥的环境。	鼓励一种忽略政策而以客户为中心的反馈文化。
	产生负面的氛围，破坏建设性的、有创造力的能量。	开展有趣的、高效的反馈过程。
	评论打击大胆的创意，仅仅因为通常大胆的创意很难实施。	明确区分很难实施与值得实施。
	只是不停地提问"为什么？"	提问"为什么不？""如果……会……""除此之外，还有什么？"

使用德·博诺的六顶思考帽收集有效的反馈

使用爱德华·德·博诺①的六顶思考帽方法来收集有关创意、价值主张以及商业模式的反馈。这种方法非常有效,特别是在大公司里,可以帮助你避免滔滔不绝的、无法停止的讨论。

目标	产出
有效收集反馈,避免漫长的讨论。	理解你的创意好的方面和可以改进的方面。

工作坊参与者每人要带上一个带有比喻性颜色的帽子,这些不同颜色的帽子代表不同类型的思考方式。这种方法使得你可以快速地收集不同类型的反馈,并且避免某个创意纯粹因为政治因素而被摒弃。使用德·博诺的六顶帽子思考法中的四种来收集反馈。

1
抛出

使用3~15分钟抛出你的创意(时间长短取决于创意所处的阶段)

设计团队呈现他们的创意、价值主张以及商业模式画布。

2
白帽子

信息和数据;中立和客观

2~5分钟(时间长短取决于创意所处的阶段)

"观众"成员提出澄清型问题来全面了解创意。

3a
黑帽子

困难、弱点、危险;风险识别

1分钟写下

参与者在反馈贴上写下为什么是个不好的创意。

3b

3分钟收集反馈

工作坊引导者快速将收集到的反馈贴在白板纸上,同时让参与者将反馈大声地念出来。

---

① 爱德华·德·博诺博士(Edward de Bono)生于1933年5月19日,马耳他人,法国心理学家,牛津大学心理学学士,剑桥大学医学博士。其主要著作有《六顶思考帽》《水平思考法》《十二堂思维课》《教你的孩子如何思考》等。——译者注

贴士

- 此项练习需要工作坊引导者具有很强的引导技能，确保白帽子在提问的时候，参与者不会带有个人主观的因素。
- 确保无论大家喜欢或不喜欢某个创意，每个人都要戴上所有颜色的帽子：白帽子、黑帽子、黄帽子和绿帽子。
- 在使用黄帽子以前先使用黑帽子来中和非常消极者的创意。一旦这些人表达过他们的观点，他们可能会用积极的思维来思考。
- 德·博诺六顶帽子思考法对小型团队或者个人同样有效，它帮助人们想到此创意为什么会失败或成功的各种可能性。

4a 黄帽子

积极的、正面的观点；为什么一个创意是有用的

1分钟写下

参与者在反馈贴上写下为什么它是一个好的创意。

4b

3分钟收集反馈

在参与者大声读出来的时候，推进者快速在白板上一个接一个地收录反馈内容。

5 绿帽子

创意、可替换项、可能性；对黑帽子问题的解决方案

5~15分钟开放式讨论

对此问题展开讨论。就如何改进提出的观点，参与者发表意见。

6 改进

汇报的团队在具有白色、黑色、黄色和绿色帽子反馈的基础上改进他们的观点。

Edward de Bono, Six Thinking Hats, 1985.

以公开方式民主投票

目标
显现一个小组的偏好避免漫长的讨论

产出
快速选择出创意

尤其是在大型的工作坊场合中，用民主的方式能够快速使一个团队的意见公开透明。在不同的价值主张和商业模式选择中，这是一个简单快捷的方法，有助于避免长时间的讨论。

1 创意画廊
把创意或画布展示在墙上作为创意画廊。

2 贴纸
每个工作坊参加者得到相同数量的贴纸（比如10张），每张贴纸算作一票。

3 标准
定义投票标准。例如，参加者可以按照标准给他们喜欢的创意投出一票。

4 投票
参加者可以把所有的贴纸都贴在一个创意上或者分开贴在几个创意上。

5 计数
计算贴纸的数目，继而首选的创意就会脱颖而出。

多评价指标

使用表格来帮助你通过多项标准选择价值主张和商业模式。

基于内部标准,采用民主的方式选择建议可以考虑的因素,如增长潜力、风险、差异化潜能。在现实中,实验之前,设计过程中应使用这种方法从几个备选方案中进行选择。

定义标准和选择原型

目标
从一系列替代项里选择

产出
原型排序

决定哪些标准对你和你的团体来说是最重要的，然后在设计过程中相应地选择价值主张和商业模式。你需要决定（希望有吸引力的）备选方案的优先顺序，即便你的客户是在这个阶段后期对你的创意做最终评判。

1

标准头脑风暴

提出尽可能多的评估标准评判原型的吸引力。

使用以下主题和标准作为你自己选择标准的一个参考。

适应战略
这个创意要如何适应公司发展的总方向？

- 与策略保持一致
- 良好的时机
- 符合预期的风险水平
- 可以替代过时的商业模式

适应客户的见解
你的创意是否与客户市场调研中发掘的客户需求有关联？

- 重要的工作
- 目前市场上还没有好的解决方案
- 看得见摸得着的痛点
- 很强的客户证据

竞争和环境
这个创意要如何帮助公司在竞争环境中定位？

- 提供竞争优势
- 符合技术和其他趋势
- 允许差异化

与当前商业模式的关系
这个创意是如何从现有商业模式中建立或者不从此建立的？

- 与品牌匹配
- 与当前商业模式匹配
- 建立在优势之上
- 填补弱项
- 瓦解目前的现金牛

财务和增长
这些创意在公司发展和财务方面有什么潜力？

- 市场规模
- 潜在收益
- 市场发展
- 毛利

实施标准
这个创意从设计到引入市场实施难度有多大？

- 进入市场的时机
- 成本结构
- 我们是否有合适的团队和技能
- 获取目标客户
- 技术风险
- 实施风险
- 管理性风险

2

选择标准

选择对你的团队和组织而言最重要的标准。

标准	原型A：36	原型B：32	原型C：12	原型D：42
允许差异化				
建立在优势之上				
市场发展				

3

评分原型

［0（低）~10（高）］。根据你选择的标准给你的创意评分。

4

改进原型并在市场中探索

改进你的原型（比如基于它的得分），在市场中测试它，来了解它是否有潜力。

2.5 发现正确的商业模式

为你的客户和你的业务创造价值

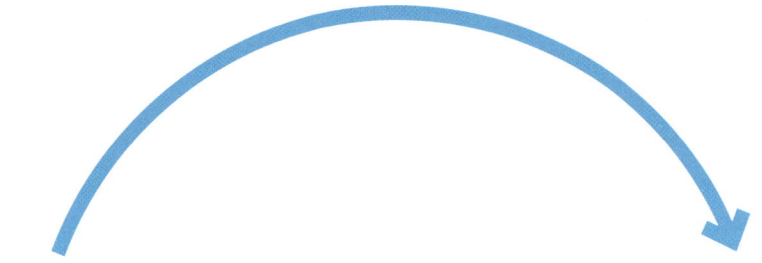

为了给你的业务创造价值,你需要给你的客户创造价值。

为了持续给你的客户创造价值,你需要为你的业务创造价值。

一家企业创造的收入比花费的成本少的话,那么这家企业将必然走向灭亡,即使它有着最具成效的价值主张。本节将介绍确定正确的商业模式和价值主张是怎样一个反反复复的过程。

你是在为你的业务创造价值吗？

商业模式画布向你明确展示你是如何为你的业务创造和捕捉价值的。

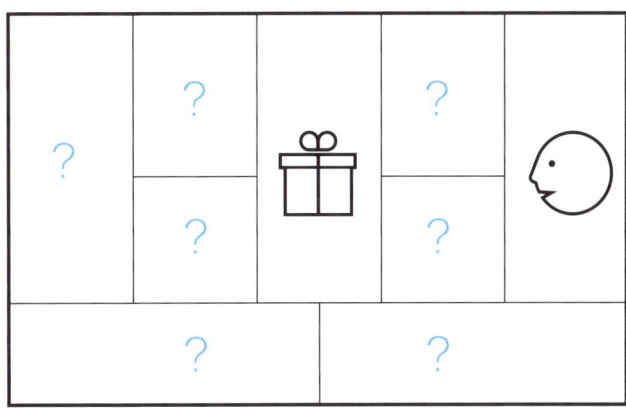

−缩小

站到更高层次来分析你是否能够围绕此特定客户和价值主张有效益地创造、提供并获取价值。

+放大

放大到一个更细致的层面去调查你的商业模式中的价值主张是否真的能为你的客户创造价值。

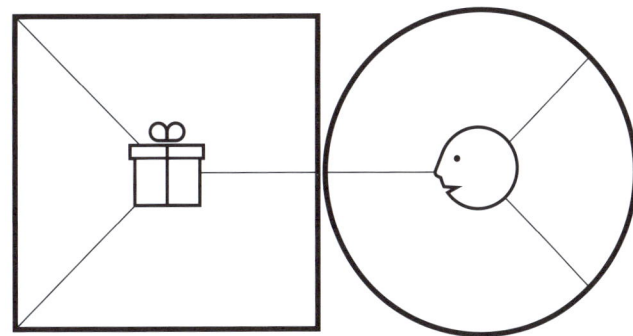

你是在为你的客户创造价值吗？

价值主张画布向你明确展示你是如何为你的客户创造价值的。

Azuri (Eight19): 把一项太阳能技术变成一项可行的业务

1
最初的创意

一个机会

开发低成本的太阳能技术，供电给低收入的人群使用。

世界上有16亿人口依然还生活在没有电的世界里。针对新技术的一些创新的价值主张和商业模式能否提供答案？

西蒙·布兰斯菲尔德-加思（Simon Bransfield-Garth）根据来源于剑桥大学的印刷塑料技术创立了Eight19。该技术用于提供低成本的太阳能电池。2012年，Eight19发布了Azuri，将该技术商业化，并为农村新兴市场的离网客户带来了电。

在这样的背景下找到正确的价值主张和业务模式是不容易的。在以下页面我们要阐明寻找正确的价值主张和业务模式的反复过程。

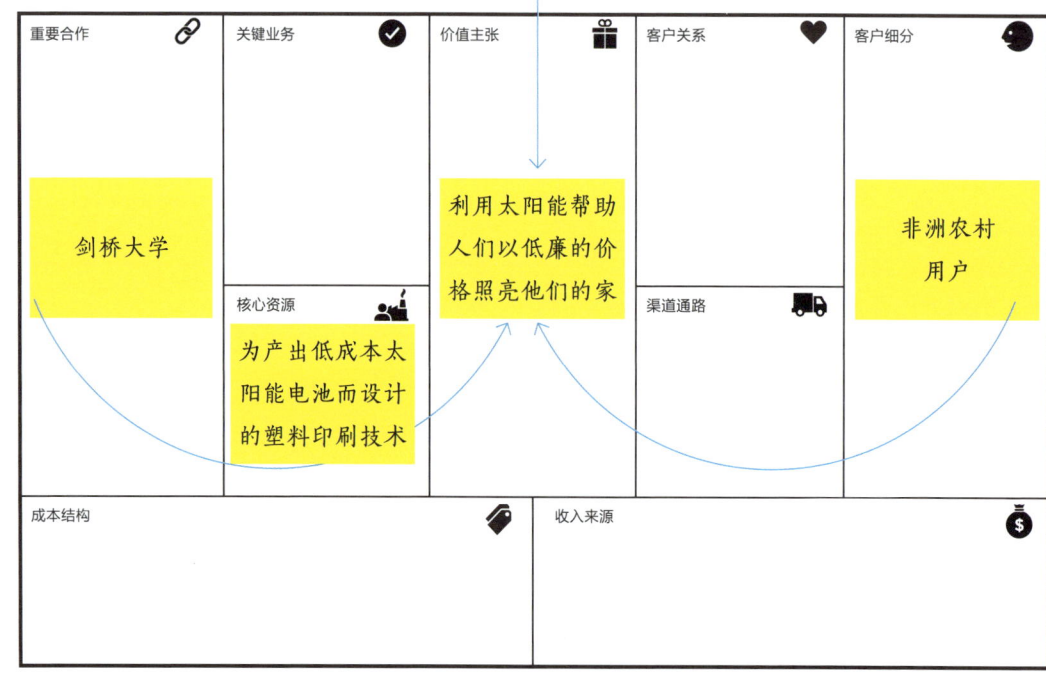

Case adopted in accordance with Azuri.

放大

2
观察

成本壁垒

"一个每天只挣3美元的农民却要艰难地支付70美元的太阳能供电系统。"

3
设计

假设?

免费提供太阳能设备消除前期投资的障碍。

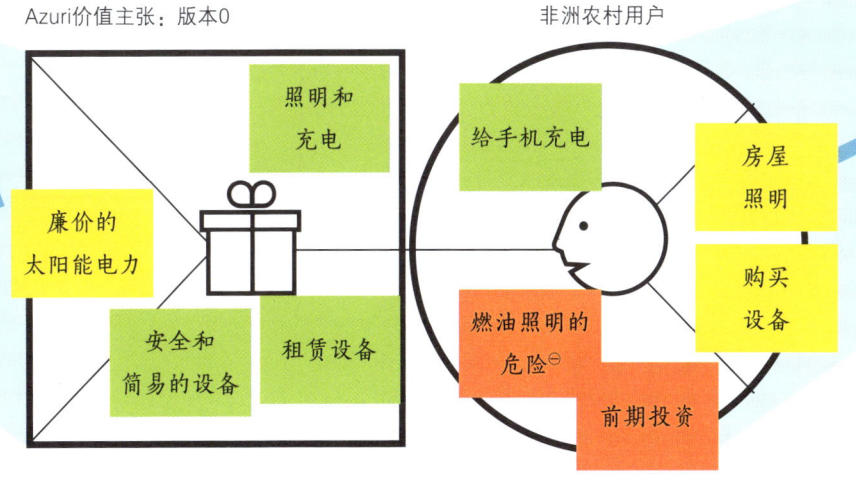

㊀ 照明的另一个选项是烧油,该方法既危险又昂贵。

4

迭代2

商业模式的创意

租赁太阳能设备并且定期收取入网费；继续使用传统太阳能电池板；获取资源和合作关系为安装设备融资。

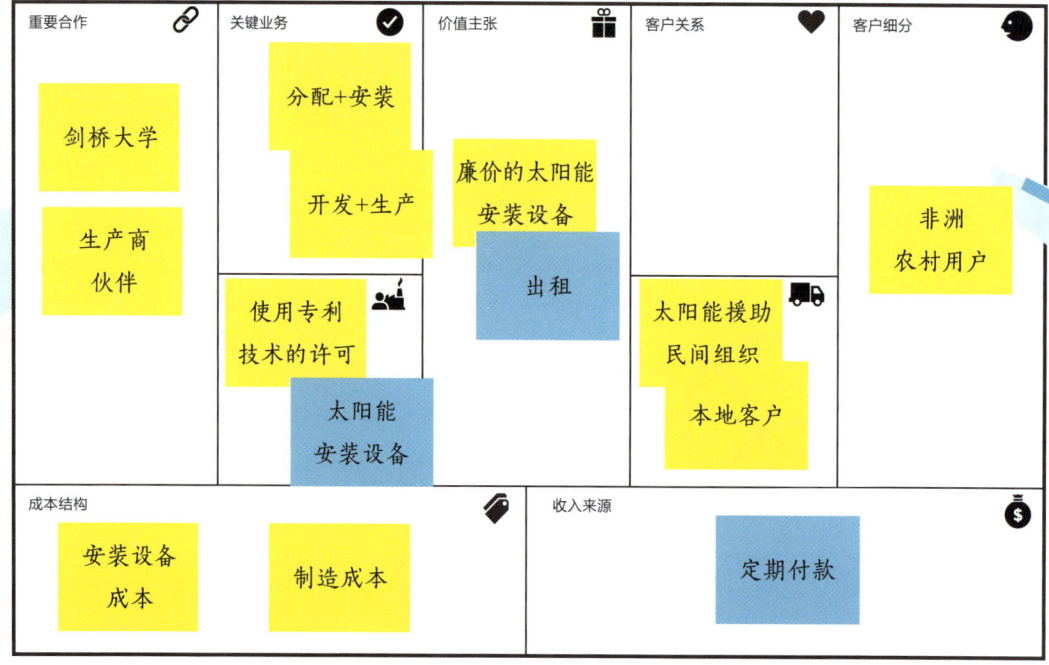

5
观察

没有银行业务的壁垒

在一个没有任何有效银行系统的条件下如何保证定期付款?

6
设计

低技术方案

结合移动电话和太阳能技术,使用刮刮卡定期接入电网。

放大

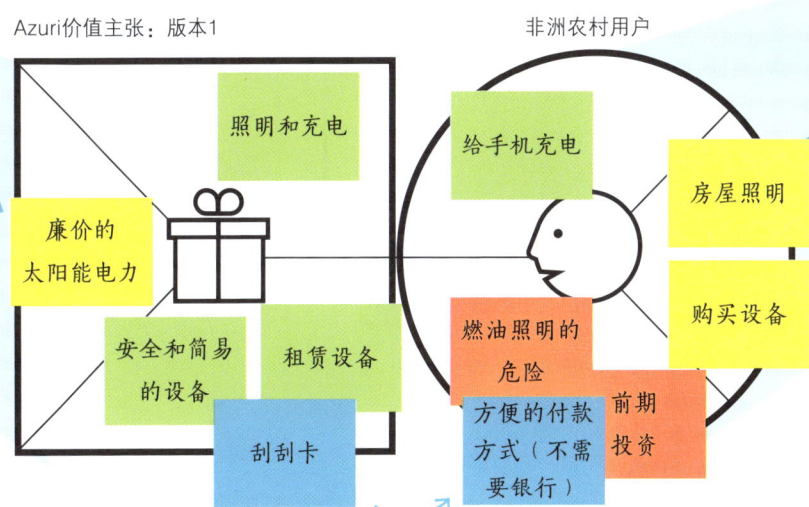

7

迭代3

Azuri商业模式的创意

　　Azuri通过Indigo把太阳能作为一种服务,这样用户每周购买刮刮卡充值。随用随付的照明和收费系统与营收模式相一致。

缩小

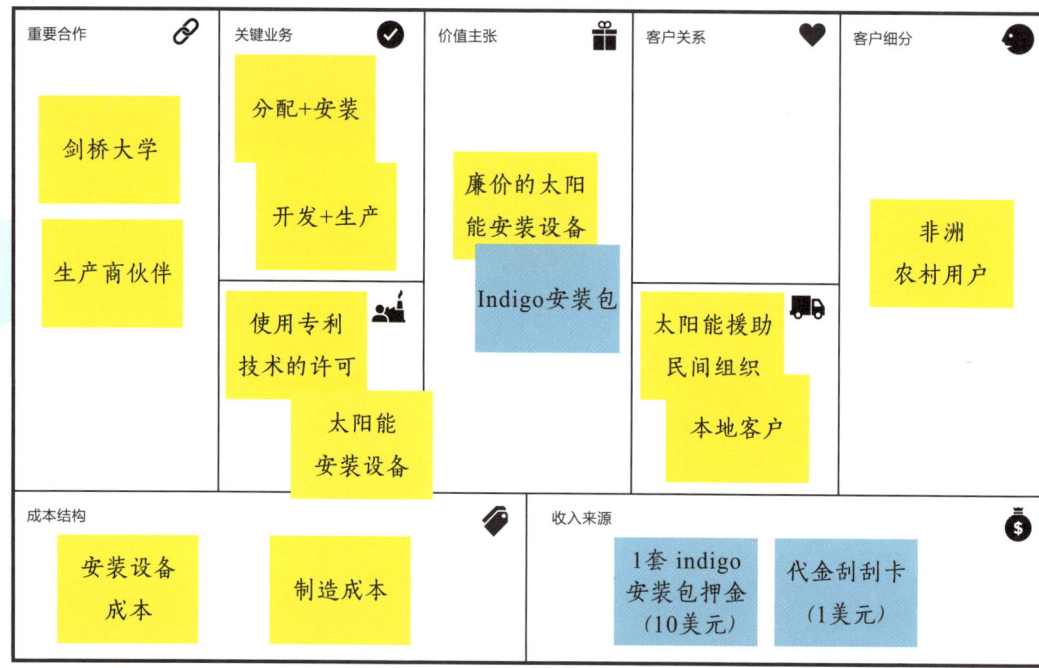

可负担得起的刮刮卡使得用户支付安装费变成可能。

所以……

Indigo的价值主张是如何找到客户的?

10美元

购买indigo安装包（太阳能电池板、照明灯、充电器）。

1美元

购买刮刮卡，使用移动电话的短信系统，在Indigo界面输入充值密码，使用这一设备一段时间。(通常是一个星期)。

免费

充值80张刮刮卡就可以拥有你的设备，或者……

升级

升级为更大的系统，获取更多能量；继续购买刮刮卡。

时间

从价值主张到商业模式……

目标
练习无风险衔接价值主张和商业模式

产出
提高技能

⬅ 上接第96页

A部分

设计完整的商业模式

在第96页中,构想价值主张,将创新型空气压缩能源储存技术商业化。现在在图中标出现行的商业模式要素,并概述大体数字(A部分)。

A1

台前

创建一个收入模式原型,选择分销渠道,并且定义可以被客户接受的关系。

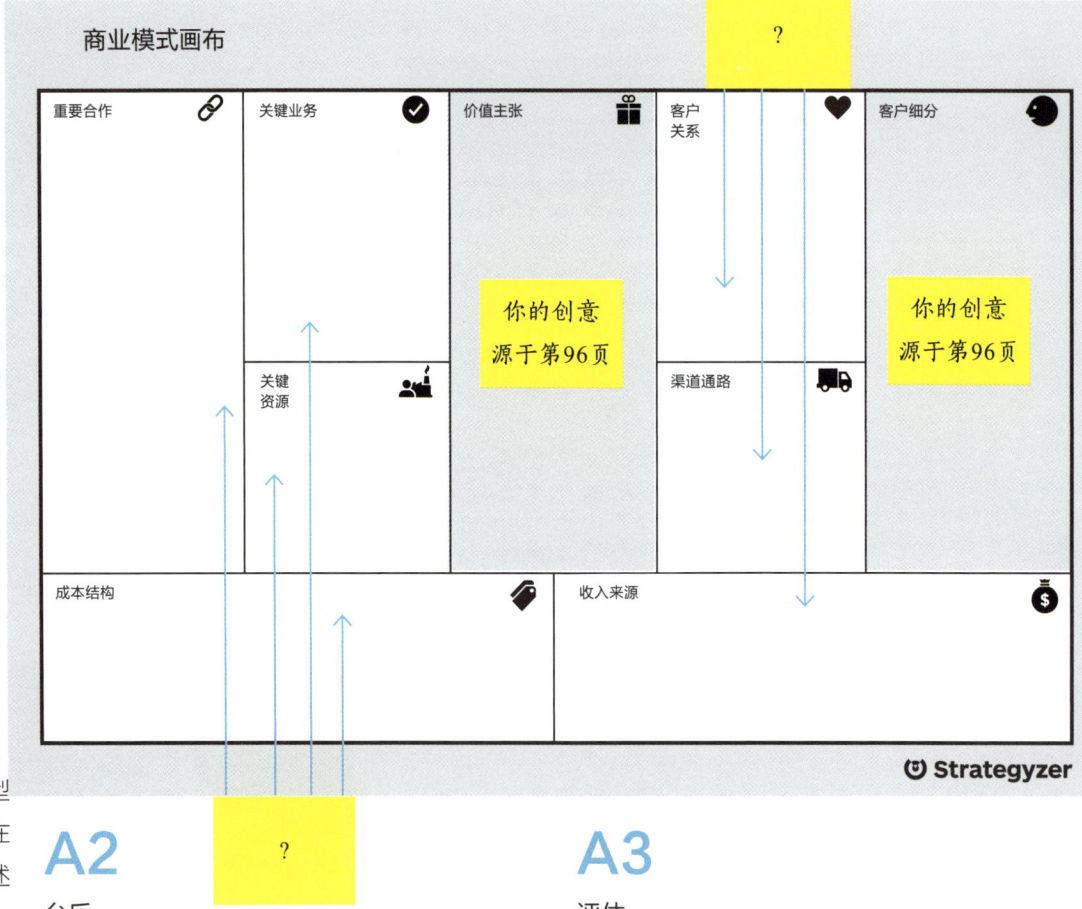

A2

台后

加入关键资源、关键业务和商业模式运作所需要的合作伙伴,并且估算成本结构。

A3

评估

评估你的原型并且发现商业模式可能存在的弱点 ⮕ 第156页。

……再来一次

B部分

再次回顾价值主张

评估最开始出现的完整商业模式原型的弊端（从A部分得出）。自我回答如何改善或者变更最初的价值主张，通过思考下列5个问题转换到一个完全不同的细分市场：

放大

B1
新的价值主张？
就相同的技术而言，是否有另一个截然不同的价值主张？

贴士
通过客户调研（➔第106页）和提供证据（➔第216页），跟进客户的新设想。

B2
新的客户群？
你将会保留同样的客户细分还是转移到一个完全不同的或许更大的细分市场？

B4
变更或清除你的收益？
目标客户概况变更后，你是否需要变更或清除已有的价值主张带来的收益？

B5
是否匹配？
最新设计的价值主张是否适用新的客户概况？（➔第40页"契合"部分）

B3
完善或清除目标客户群描述？
你是否能细化你的客户概况，或者你是否需要描述一个全新的客户概况，因为你转换了客户群？

➔ 如果需要重复步骤A。

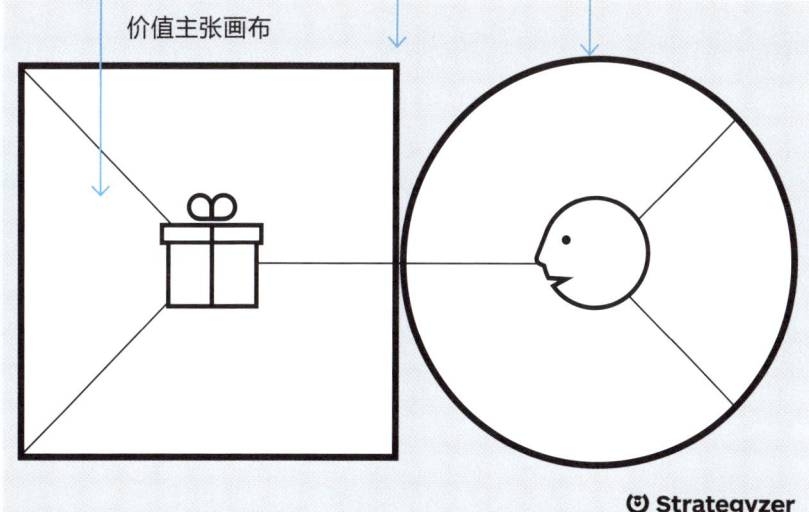

价值主张画布

Strategyzer

压力测试数据：一个医疗技术的例证

如果一个商业模式无法带来稳健的财务回报，那么再美好的价值主张也无法走得太远。最差的情况就是你会因为你的商业模式花销大于它的产出而失败。但是即便是这样的商业模式也可以产生完全不一样的结果。

设想不同的商业模式和财务假设，选出其中最合适的。在本页中我们利用医疗技术案例来解释这部分内容。我们草拟出源于同一技术的两种模式，该技术可以开发一种价格低廉的医疗诊断设备。

模型1创造收入为550万美元，利润为50万美元。模型2与模型1源于同一技术但是由于采用了不同的价值主张和商业模式，模型2收入为3000多万美元，利润为2300万美元。

只有市场才能判断哪种模式能真正发挥作用，但是你可以继续探索，检测出最好的选择。

医疗技术原型1

重要合作	研发 生产 销售和市场	价值主张	客户关系	客户细分
配套生产商		医疗诊断装置	个人助理	11万 初级治疗医生
	核心资源 知识产权		渠道通路 第三方销售力量	
成本结构 销售和市场 设备	100万美元 120万美元 设备生产		收入来源 1x 交易型销售	550万美元 280万美元

VS.

医疗技术原型2 赢家！

重要合作	研发 生产 销售和市场	价值主张	客户关系	客户细分
配套生产商		医疗诊断装置	个人助理	11万 初级治疗医生
	核心资源 知识产权		渠道通路 试纸 第三方销售力量 www	
成本结构 销售和市场 设备 试纸生产	100万美元 230万美元 120万美元 设备生产		收入来源 1x 交易型销售	550万美元 280万美元 2 480万美元 试纸的循环销售

模式1：销售医疗诊断设备

- 1x将设备销售给美国初级保健医生，每台设备1000美元。
- 5%的市场份额。
- 通过第三方销售人员进行销售，50%的佣金。
- 每台设备可变生产成本为225美元。
- 固定营销费用为100万美元。

成本	营收
设备生产：120万美元	设备销售：550万美元
销售和市场推广：100万美元	
销售提成：280万美元	
利润50万美元	

利润

快速计算数字可以帮助我们理智地检查该模型并获得丰厚的利润，因此我们必须返回寻求商业模式的变更。

50万美元

模式2：耗材型试纸的循环收益

- 每次诊断需要一张耗材型试纸。
- 平均每月每台设备用5张试纸，每张试纸的循环收益为75美元。
- 试纸的可变生产成本为每张7美元。

成本	营收
设备生产：120万美元	设备销售：550万美元
销售和市场推广：10万美元	试纸销售：2 480万美元
销售提成：280万美元	
试纸生产：230万美元	
利润：2 300万美元	

利润

同样的技术使用不同的商业模式，现在却能产生更大的利润。虽然这些数字还未经测试，但是很明显这将成为在测试阶段实施的更令人关注的原型。

2 300万美元

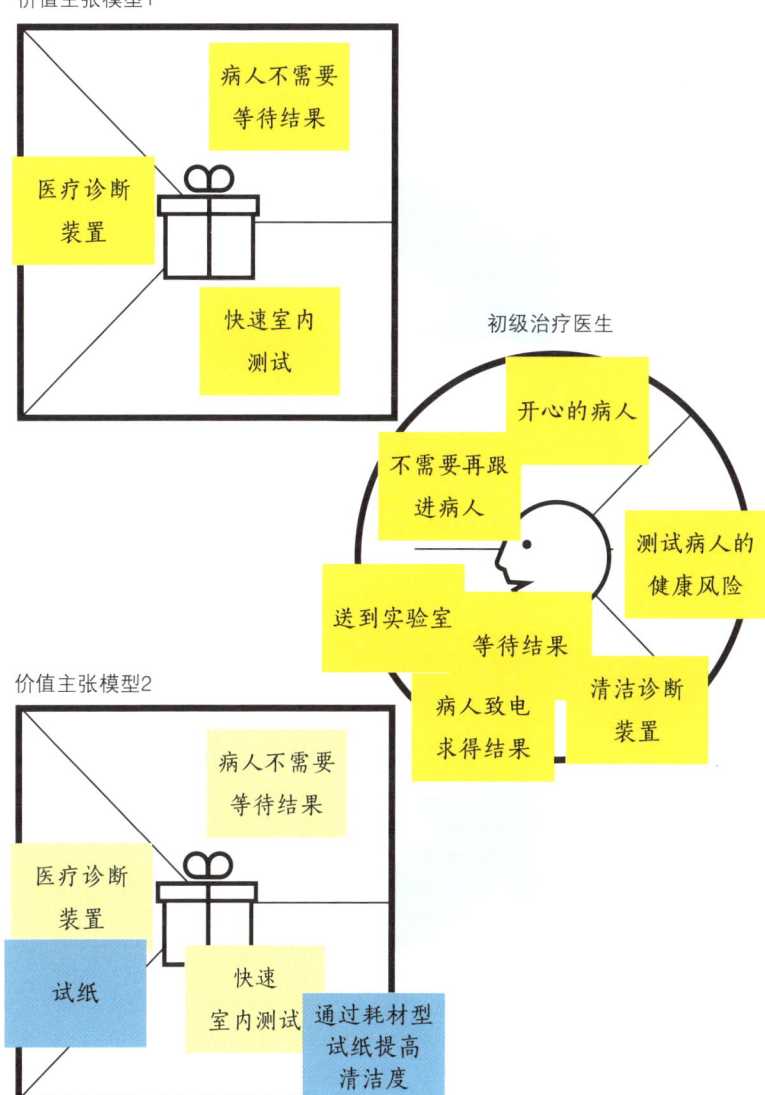

评估你商业模式的七个问题

目标
发掘潜力改善商业模式

产出
商业模式评估

优秀的价值主张应置于优秀的商业模式中。一些在设计上领先的价值主张将产生更好的财务业绩、更高的复制困难度，并且在这些方面将超越竞争对手。

通过回答这七个问题给你的商业模式打分：

1. 转换成本

客户从一家公司转移到另一家公司是简单还是困难呢？

2. 循环收益

每次销售都是一次性交易或者会带来有保证的后期收益和订单？

我的客户已经被锁定了好几年。

我的销售100%都指向自动循环收益。

10
○
○
○
○
○
○
○
○
○
○
0

10
○
○
○
○
○
○
○
○
○
○
0

没有什么能阻止客户离开我。

我的销售100%是交易型的。

苹果公司的iPod使人们复制其整个音乐库到iTunes软件，因而用户转移到其他平台的难度增大。

奈斯派索将销售咖啡的交易产业转为通过销售只适合其咖啡机的单份豆荚的有循环收益的产业。

下载："七个问题评估你的商业模式"

			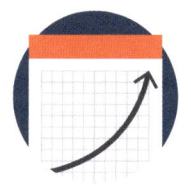	
3. 收入与支出 在支出之前获得收益了吗?	**4. 变换游戏规则的成本结构** 你的成本结构是不是从实质上与你竞争对手不同或者更好?	**5. 做此工作的其他人** 你的商业模式发挥多大作用使得你的顾客或是第三方为你免费创造价值?	**6. 可拓展性** 你如何可以轻松地发展而没有遇到障碍(比如基础设施、客户支持、聘用)?	**7. 竞争保护** 你的商业模式在竞争环境中能给你提供多少保护?
在为所售商品与服务(COGs)支出费用之前,我100%盈利。	我的成本结构至少比我的竞争对手低30%。	我的商业模式里创造的所有价值是由外部各方免费创造的。	我的商业模式几乎不限制成长。	我的商业模式能够为我筑起无法超越的坚固城墙。
10 ⋮ 0	10 ⋮ 0	10 ⋮ 0	10 ⋮ 0	10 ⋮ 0
在我盈利之前我为所售的商品与服务(销售产品的成本)支出100%的费用。	我的成本结构至少比我的竞争对手高30%。	我承担我的商业模式创造价值的过程中产生的成本。	使用我的商业模式成长需要大量的资源和努力。	我的商业模式没有保护,面临竞争时是脆弱的。
个人计算机(PCs)过去是在售卖之前完成生产,这样会面临存货跌价的风险。直到戴尔突破了这一行业,在生产之前,直接销售给消费者,并获得收益。	Skype和WhatsApp通过互联网的免费设施提供电话和短信服务,打垮了背着沉重资本开销的电信产业。	脸谱(Facebook)的商业模式的大部分价值来源于超过10亿用户免费生产的内容。同样地,商户和消费者免费为信用卡公司创造价值。	许可经营和特许加盟具有极大的扩展性,就像脸谱和仅以几个员工为数亿用户提供服务的WhatsApp平台一样。信用卡公司也是可扩展性的一个有趣的例子。	强大的商业模式通常都很难匹敌。宜家模式很难找到模仿者。同样地,平台模式,像苹果的应用商店就提供了很强大的保护屏障。

2.6
在现有的组织中设计

采取正确的态度
发明或改善

现有组织需要改善现有的价值主张并主动创造出一个个新的价值主张。确保你了解在一个特定的项目开始时你在画布的哪一端上,因为每个项目需要一个不同的态度和过程。大的公司将有均衡的项目组合,涵盖从改善现有价值主张到创造新的价值主张。

发明

目标	设计新的价值主张,不顾及现有价值主张和商业模式造成的约束(尽管领导层可能会规定出其他的约束)
帮助	• 积极地预见未来 • 呈现一场危机 • 改变游戏规则的技术、规章制度等的出现 • 回应竞争对手的颠覆性价值主张
财务目标	年营业收入至少增长50% (提示:可根据公司的要求具体设定)
风险和不确定性	高
客户知识	低,可能不存在
商业模式	需要彻底适应或者改变
对待失败的态度	部分接受和反复斟酌的过程
心态设定	开放地探索新的可能性
设计方法	对价值主张(和商业模式)进行激进或破坏性的改变
主要的活动	研究、测试和评估
举例	A亚马逊网络服务 针对一个新的客户群设计一个全新的IT基础架构的价值主张。在现有的关键资源和活动基础上建立,但需要Amazon.com商业模式的大幅扩张

改进

改进你现存的价值主张,而没有从根本上改变或影响底层的商业模式

- 更替过时的产品和服务
- 确保或保持合格
- 改善潜在利润或者成本结构
- 保持增长
- 处理客户投诉

0%~15%年营业收入增长或者更多(提示:可根据具体公司的要求具体设定)

低

高

几乎不变

没有选择

十分重视让一个或者几个方面变得更好

针对现有的价值主张递增的变化和调整

细化、计划和执行

亚马逊金牌服务
针对Amazon.com的老客户实行会员制度,让其享有特有权益

在两者之间:扩展

在改善现有价值主张与创造全新价值主张时出现的一种常见的情况是在无须大幅改变现行商业模式的前提下找到新的增长引擎。这常常需要在现有投资模式和平台上投资赚钱。

目的是寻找新的价值主张定位,以大大拓展现有基本的商业模式,而无须过多修改其中许多方面。

例如,随着推行Kindle,亚马逊创造了一个新的渠道来向Amazon.com的客户扩展其电子商务。虽然这向其客户提供了一个很好的新价值主张,但是它仍然在很大程度上维持在它成功运行的电子商务模式的参数范围内。

贴士

大公司的管理覆盖整个创造-改善光谱,包含一系列的价值主张和商业模式的投资组合,并使之产生协同效应和使得竞争冲突清晰明确。在成功的时候,大公司也在积极主动地创造,而不是等到危机发生时才开始改善或创造。

未来的商务书

试想一下，如果你是一个商务图书出版商，你能如何完善现在的出版物以及如何创造未来的图书，且有可能在未来书可能不再是书？围绕创造-改善画布，我们勾勒出三个创意。

发明

商业教育的YouTube

一个网络平台把来自商业专家的视频与寻找问题解决答案的客户搭配起来。这将要求出版书籍的商业模式具有相当大的发展或创新。

1-800商务书籍热线

通过热线电话出售实体书籍，并满足购书要求。这种销售模式建立在现存的商业主张的基础上，但是却需要销售模式向服务模式进行延伸。

这个概念需要一个完全不同的商业模式并废除老的模式。

额外的服务能力给商业模型添加了一个保护层，但不会从根本上改造它。

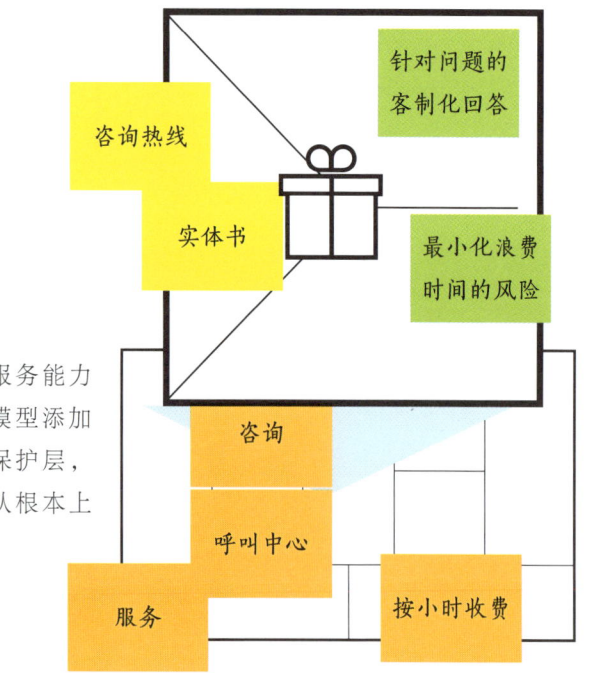

改进

实用商业书籍

通过使商业书籍更有视觉效果以及更加适用,而不大大改变其背后的核心商业模式的方式来完善商业书籍。

将改进内容加入价值主张并需要对商业模式做一些微调。

你越是朝着光谱的创造末端发展,你的新价值主张将越是不同于你现有的价值主张。创造新价值主张会更紧密地应对真正对客户重要的工作(在这种情况下,寻求商业问题的答案)提供了一个机会。

我们的三层价值主张包含一个实体书、可共享的实用在线内容以及通过我们的在线课程进行高级商业学习。我们努力推动拓展商业学习和实践的边界。

本书提到的价值主张结合了网上练习和Strategyzer.com网上材料的内容。我们希望这一价值主张有助于我们的读者解决工作中的相关问题。

通过从产品转移再创造……

建筑设备制造商喜力得通过由产品转移到服务重新定义其价值主张和商业模式。

它从出售品牌机具转变成保证用户及时获取它的服务,这需要的不只是价值主张的改变,而且是商业模式的重大改善。让我们来学习喜力得是如何做到的吧。

许多企业渴望通过从产品制造商向服务提供商转变夺回竞争优势。这就需要重大的改变。

过时的模式

喜力得的旧模式主要集中在直接向用户销售高质量的机具上。它因故障较少,使用寿命长以及通过减少时间损失使得用户的整体成本更低而闻名。喜力得机具也因出色的安全性能和良好的工作氛围而在业界享有声誉。

不幸的是,这种旧的模式已经变成了一个利润不断削减的模式,而且输掉了与低价格竞争对手的竞争。

Read more about Hilti in Johnson, Seizing the Whitespace, 2010.

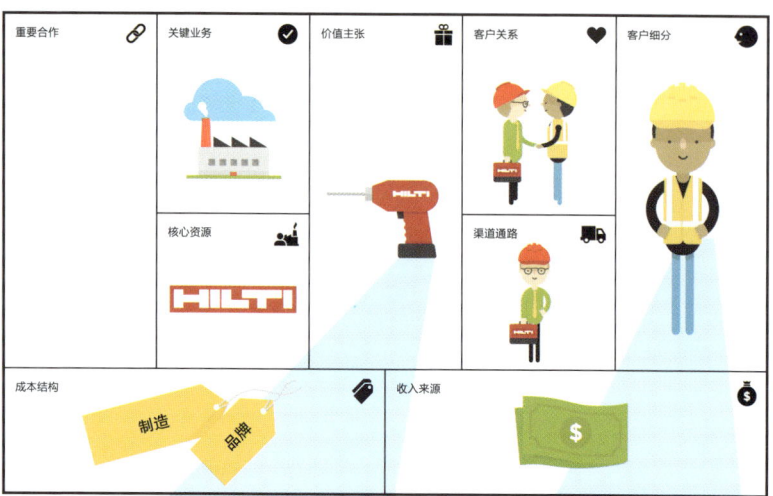

旧模式

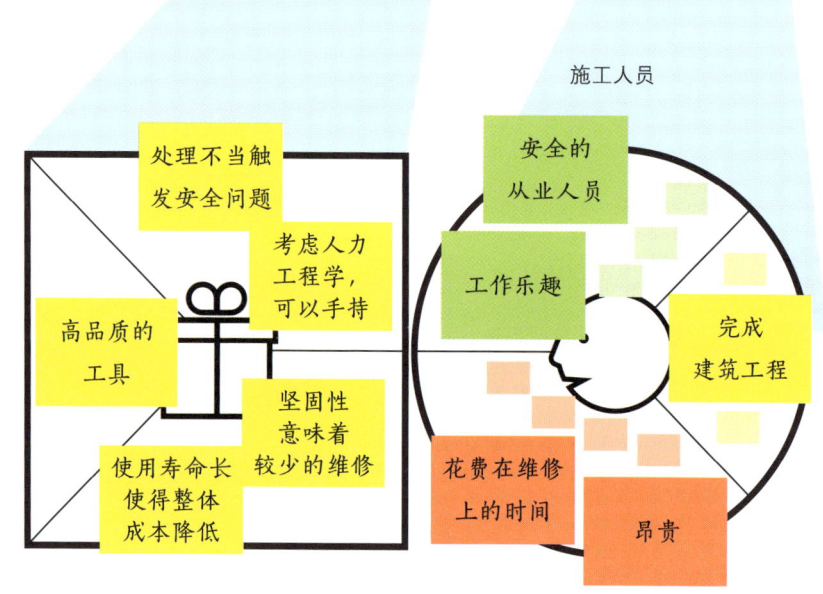

施工人员

新模式

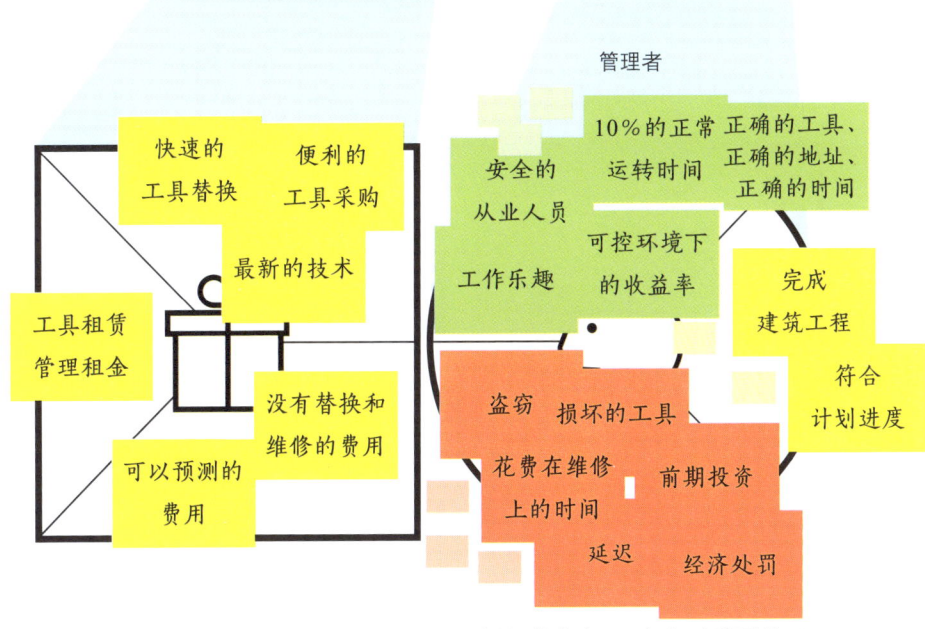

新的服务创建：
按月租用的工具租赁管理服务

"新"的客户， 定义更重要的工作：按时交付！

……到服务

喜力得关注一项非常重要的客户工作，了解到按时交付项目可以避免经济罚款。他们同时了解到损坏、故障或工具被盗可能会导致重大的延误和处罚。从那时开始，喜力得在机具的工程服务上采用新的价值主张。

新的起点

喜力得使用其新的基于服务的价值主张，通过在正确的地方、在正确的时间确保有正确的工具，从而为建筑公司创造更多的价值。这将帮助机具施工企业实现更可预测的成本管理和保持业务盈利。

商业模式的影响

从产品到服务听起来像是一个简单的价值观念的转变，但这需要大幅度重组业务模型。喜力得必须增加除了制造以外大量新的服务资源和活动，但这是值得的。新的价值主张，使得喜力得获取更高的利润、循环性收入以及更有竞争力的差异化。

完美的
工作坊安排

工作坊是在现有组织中设计价值主张的一个重要组成部分。完美的工作坊可以在设计过程中产生加分效果，并产生更好的结果。下面的问题将帮助你创造一个完美的工作坊。

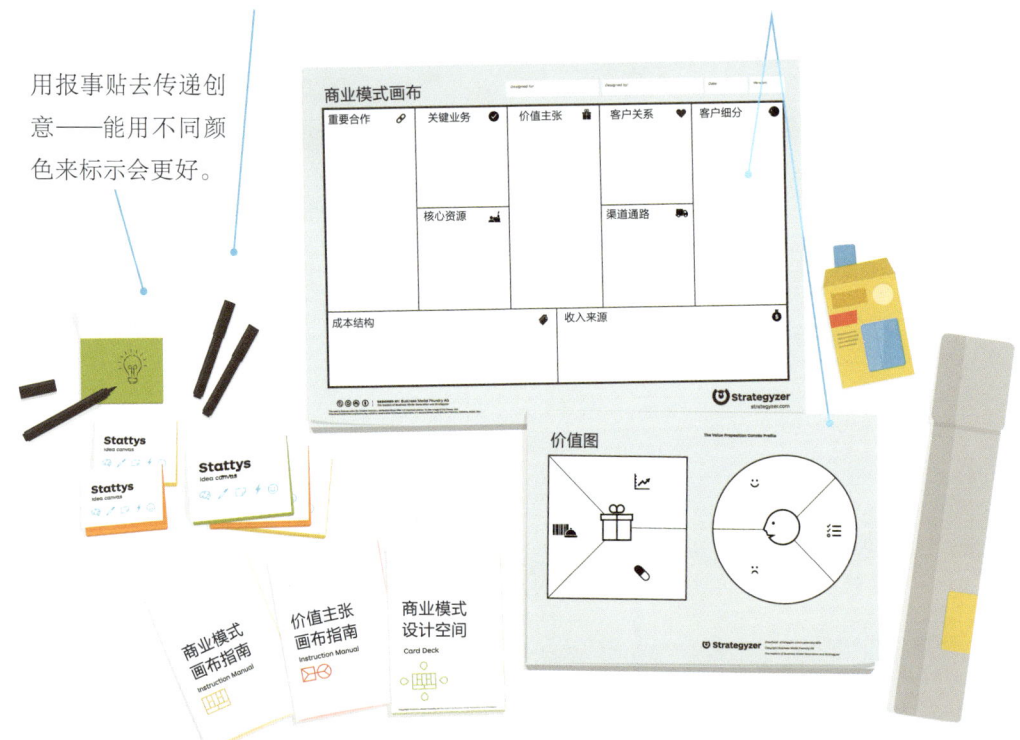

使用深色记号笔，这样创意从远处看起来就更醒目。

用报事贴去传递创意——能用不同颜色来标示会更好。

使用墙壁大小的海报去画出大的创意。

应该让谁参加？

邀请不同背景的人参加，尤其是那些对商业模式将会有实质性影响的人，他们的支持是至关重要的。客户员工的参与可以使你学到更多东西。客户或合作伙伴也可能是一个不错的选择，他们可以帮助评估价值主张。

以什么样的形式？

作为一个经验法则，在设计价值主张的初期，收集更多的观点显得尤为重要。有10个或更多的参与者时，可5个人一个小组，你可以并行收集和探索可替代方案。如果参与者较少时，小的团队需要按照顺序去探索可能的方案。在制定和完善价值主张的后期阶段，较少的参与者通常是更好的。

空间如何被视作一种工具而被有效利用？

巨大的工作坊空间是一个经常被忽视的但能创造出卓越成果的工具。选择一个足够大的空间或工作区以此来支持这个创意。为了获得一个突破性的结果，选择一个不寻常的和鼓舞人心的场地。

需要什么工具和材料？

用画布海报、贴纸、纸、蓝色大头针、记号笔和其他工具准备一个自助区域，这样参加者可以获取自己需要的东西。

检查可用的工作坊材料

工作进展走廊/灵感墙

建立一个区域让你可以展示画布和其他正在进行的工作。增加一面"灵感墙"放上参与者可以提取的内容，比如参考模式、示例和竞争对手模式。

投影仪和屏幕

它们用来展示幻灯片和客户视频，应该放在可以方便每个人看到的位置。

小组区域

这是完成工作的区域。每组四人或五人是最好的。除非特定工作必须使用，一般不使用椅子或桌子。保持工作组在同一个房间高效工作。

主控空间

这个空间应该留给会务人员及其团队。他们利用这个空间安放计算机、音响设备、WiFi装置或打印机。

墙

无论是移动或建筑的一部分，较大的垂直表面都是必不可少的。确保你能把较大的海报、便签和白板纸粘贴在墙上。

场所大小，外观和感觉

从经验的角度来说，每10个参与者50平方米的空间。最好是一些鼓舞人心的场所而不是无聊的酒店会议室。

全体会议的空间

可以容纳所有人参与演讲和讨论的空间；可以放桌子，也可以不放。

构思你的工作坊

一个很好的工作坊会产生具体的、可操作的结果。参考这本书里的工具和流程，开始设计一个能够取得好结果的工作坊的轮廓。

好的工作坊的设计原则

- 创建一个具有一条清晰脉络的工作坊议程，向参与者展示全新的或改进的价值主张或商业模式是如何产生的。
- 带领参与者一次专注一项简单任务（模块），然后一步步地开始探索旅程。
- 避免"空谈"，使用如画布或像"六顶帽子思维法"等结构性的工具支持参与者的互动讨论。
- 小组（4~6人）间交替工作，然后通过全员会议来相互介绍。
- 严格管理花在每个模块上的时间，特别是模型创建的时候。对全部参与者使用可视化计时器。
- 设计一个议程，使得一系列相似的价值主张（或商业模式）互相迭代。设计、批判、迭代和透视。
- 避免午餐后的慢节奏。

第1天

9 AM
10 AM
11 AM
12 PM
1 PM
2 PM
3 PM
4 PM
5 PM

第2天

9 AM
10 AM
11 AM
12 PM
1 PM
2 PM
3 PM
4 PM
5 PM

使用以下模块作为起草工作坊日程的一个选择。

在开始你的工作坊之前
做足功课并收集客户意见→第106页

在开始你的工作坊之后
开始在真实世界中测试你的价值主张和商业模式→第172页。

上网得到：
- 样本日程
- 模板和介绍
- 一体化的资料包

创建原型可能性

启发式问题—→第15、17、31、33页

画布制图—→第22页

价值主张制图—→第36页

餐巾纸草图—→第80页

即兴思维模型—→第82页

在价值主张画布上填充创意—→第84页

约束点—→第90页

从书上得来的新创意—→第92页

推动/拉动练习—→第94页

创新的六种方法—→第102页

做出选择

工作、痛点、收益排序—→第20页
检查你的匹配性—→第94页
"工作"选择—→第100页
10个问题—→第122页
客户的声音—→第124页
环境下评估—→第126页

差别化竞争—→第128页
德·博诺的思考帽—→第136页
民主圆点—→第138页
选择原型—→第140页

循环迭代升级商业模式

循环迭代—→第152页

数字化投影—→第154页

7个商业模式问题—→第156页

准备测试

释放假设—→第200页

假设重要性排序—→第202页

测试设计—→第204页

选择实验组合—→第216页

测试路线图—→第242~245页

休息

中饭
咖啡和零食

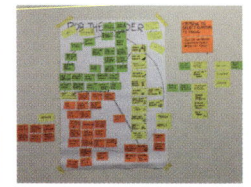

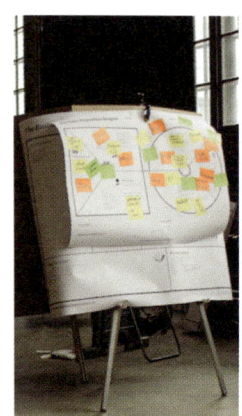

学到的知识

创建原型可能性

快速创建可替换的价值主张原型和商业模式原型。不要爱上你的早期创意。让你的早期模式粗浅到即使扔掉也不后悔,这样它们才得以发展和改进。

了解客户

想象、观察和了解你的客户。把你想象成他们,在他们的生活中学习他们是如何完成工作的。了解是什么阻碍他们把事情做好。发掘他们苦苦寻找的东西。

发现正确的商业模式

寻找嵌入在正确的商业模式之中的正确的价值主张,因为每个产品、每项服务和技术可以有许多不同的模型。即使是最好的价值主张,如果没有健全的商业模式也会失败。商业模式决定了最终的成功与失败。

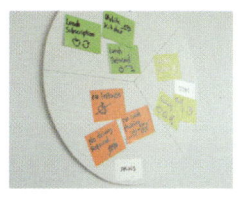

Lit

3

确定测试内容以减少全新的和改进的价值主张的不确定性和风险（第188页）。然后，在汇集所有片断之前（第238页），基于实验库（第214页）开始一步一步测试（第196页），并衡量你的进展。

开始实验，以降低风险

当你开始探索新的创意时，你通常处于一个具有最大的不确定性空间之中。你不知道你的创意是否会起作用。在商业计划中对这些创意进行精炼不会让它们看起来更好。最好的方式是测试你的创意以及通过廉价的实验进行系统的改进以减少那些不确定性。然后，加大对实验、原型的投入，以增加确定性。从客户到合作伙伴（例如，渠道合作伙伴）等各个维度测试你的价值主张和商业模式画布的方方面面。

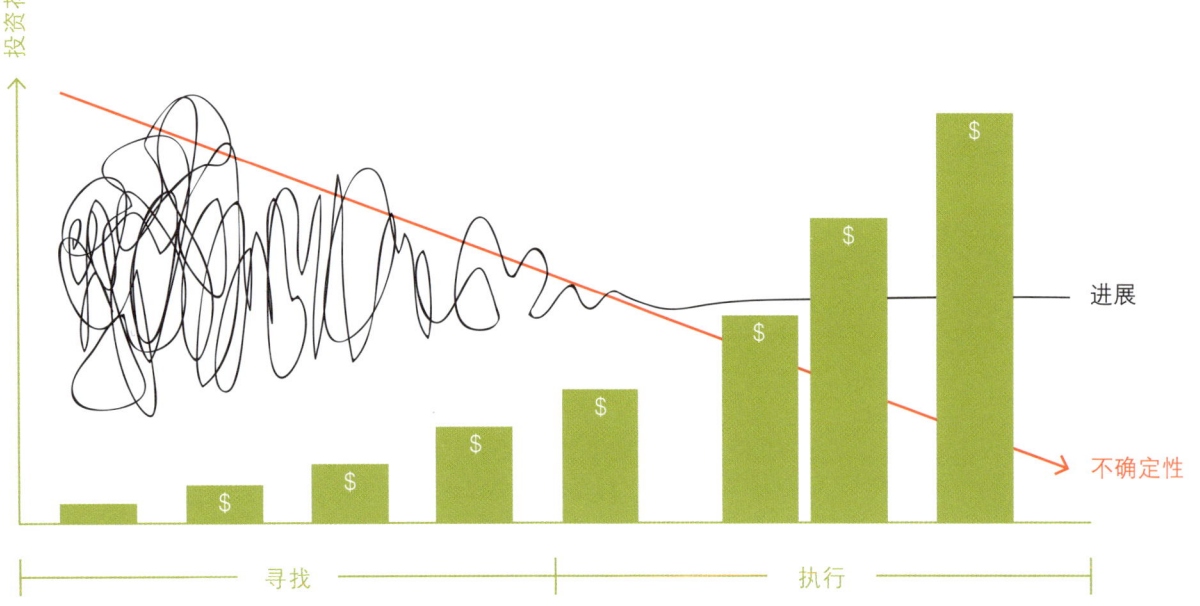

实验过程 vs.商业计划

创业探索之旅的第一步是撰写商业计划。商业计划是在已知的环境中有足够把握的执行文件。不幸的是,创业探索往往具有很高的不确定性。因此,相比写一个计划,系统地测试创意能了解更多的事情,而且这种方法更加有效。有人会辩驳说,计划可以最大化风险。计划的精确性和凝练性给人一种可执行的、没有什么会出错的错觉。然而,通常创意正是在从产生创意到市场化过程中发生巨大的变化,甚至消亡于这个过程中。

你需要实验、学习并适应这种变化,逐步降低管理风险和不确定性。这个实验的过程,我们将在以下章节中探讨,这些被称为客户开发和精益创业。

商业计划

实验

应用于新创业

商业计划		实验
我们知道	看法	我们的客户和合作伙伴知道
商业计划	工具	商业模式和价值主张画布
计划	过程	客户开发和精益创业
办公室内	哪里	办公室外
执行一个计划	聚焦	实验和学习
从过去成功的历史事实	在决定的基础上	从实验事实和洞察力
没有充分解决	风险	通过学习使其最小化
避免	失败	将失败作为学习和提高的途径
通过详细的计划遮掩	不确定性	承认不确定性并且通过实验来减少不确定性
细化的文档和电子表格	细节	依赖于实测证据级别
假定设想	数量	以证据为基础

10个测试原则

当你开始用一系列的实验来测试你的价值主张创意时，请使用这10个测试原则。一个好的实验过程会产生发挥作用或不发挥作用的证据。它也将让你去适应和改变你的价值主张和商业模式，并系统地降低风险和不确定性。

获取"10个测试原则"的海报

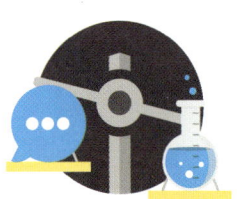 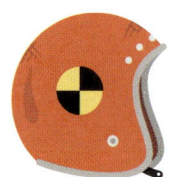   

1

要认识到证据胜过意见

不管你、你的老板，还是你的投资者或其他任何人都觉得（市场）证据战胜一切。

2

更快学习，通过拥抱失败来降低风险

测试的创意伴随着失败。然而，一系列代价小的失败会引导学习，从而降低了风险。

3

先测试，后细化

在详细地思考或描述你的创意之前，收集早期实验的洞察力。

4

实验≠现实

请记住，实验是个透视镜，通过它你可以尝试了解现实。实验是一盏伟大的指示灯，但它不同于现实。

5

平衡收获和想象力

将测试结果集成一体，而不要完全推翻你的想象力。

6
识别创意的杀手

首先测试最重要的假设：那些可能毁掉你的创意的假设。

7
首先了解客户

在测试你的解决方案以前，先测试你对客户的工作、痛点与收益的假设。

8
确保测试结果可以衡量

好的测试可以带来可以衡量的学习体验，进而让你因此采取行动。

9
接受并不是所有的事实都是相等的

受访者可能会告诉你一件事，而去做了另一件事。考虑一下你的证据的可靠性。

10
多次测试不可逆转的决策

确保那些有不可逆影响的决策被相关人员所知晓。

介绍客户开发过程

客户开发是一个由史蒂夫·布兰克（Steve Blank）发明的四步过程，史蒂夫·布兰克是个多面手创业者，之后转型做了作家和教育家。其基本前提是，不可闭门造车，所以在实施之前，你需要通过客户和利益相关者（如渠道伙伴或其他主要合作伙伴）来测试你的创意。在这本书中，我们使用客户开发流程来测试基于价值主张和商业模式画布的假设。

了解客户

走出大楼，了解你的客户的工作、痛点和收益。

研究你可以提供给他们的，用来解决他们的痛点，继而创造收益的方案。

客户测试

做个实验来测试客户是否接受你的产品与服务。

中枢

寻找

寻找与执行

寻找阶段的目标是实验并了解哪些价值主张可能会有效，哪些商业模式可以运行。当你测试每一个关键的假设时，你的画布才会在此阶段中从根本上发生改变并不断发展演变。只有当你已经测试你的创意，你才开始进入执行和扩展模式。在此过程的早期阶段，你的画布日新月异；它将随着你从实验中获取的知识的增长而趋于稳定。

客户创造

开始创造最终用户的需求。吸引客户进入你的销售渠道和开始扩展业务。

公司构建

从旨在寻找和实验的短暂性的企业结构过渡到集中执行测试的结构。

小贴士

获取每一个假设、你测试的一切、你所学的一切。使用价值主张与商业模式画布，记录从最初的创意和出发点朝向一个可行的价值主张和商业模式过程中的进步。记录你的进步，会让你在必要时，再次回顾在此过程中获得的证据。

———— 执行 ————

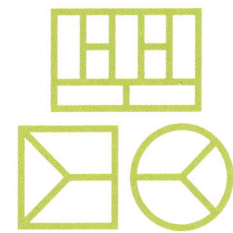

布兰克和多夫，《创业者手册》，机械工业出版社，2014。

精益集成初创原则

埃里克·莱斯（Eric Ries）基于史蒂夫·布兰克的客户开发过程开创了精益创业过程。这个创意指通过迭代过程不断构建、测试和学习，来消除产品开发中的松懈和不确定性。在这里，结合画布和客户开发，我们把以上三步应用于测试创意、假设和所谓的最小化可行产品（MVP）。

放大

透视

寻找 — 执行

了解客户　　客户测试　　客户创造　　公司创建

1. 设计/构建

设计或构建一个假象来测试你的假设，以获得洞察力并从中学习。这可以是一个概念型的原型模式、实验或只是一个你计划提供的产品和服务的原型。

0. 形成一个假设

为了设计正确的实验，先从价值主张、商业模式画布开始，明确构成你的创意基础的关键假设。

3. 学习

分析模型的性能，与你最初的假设相比较，并从中获得洞察力。试问你想过可能会发生什么吗？描述一下实际上发生了什么，然后概述你会改变什么以及你将如何做。

2. 衡量

衡量你设计或构建的模型的性能。

Ries, The Lean Startup, 2011.

应用创建、衡量和学习

我们把精益创业循环不仅应用于产品和服务,还要应用于其他领域。在价值主张设计中使用设计/创建、测试/衡量以及学习的三个相同步骤。应用设计/创建、测试/衡量、学习来……

概念模型

快速设计概念原型来塑造你的创意,弄清楚有什么可以起作用,并确定要取得成功,哪些假设必须是真的。使用这些原型模式作为一种有形的方式来清晰地映射、跟踪、迭代并分享你的创意和假设。

假设

设计和构建实验来测试假设,这些假设必须是真的,这样你的创意才能取得成功。从能毁灭你创意的最关键的假设开始。

产品和服务

构建所谓的最小化可行产品(MVP)来测试你的价值主张。这些原型拥有专门用于学习而不是售卖的特征。

设计/创建	衡量	学习		
商业模式与价值主张画布在整个流程中塑造你的创意。	概念原型的性能：客户描述、价值图、概览数字要与使用7个商业模式问题评估设计相符。	如果你需要调整你的概念原型，为什么需要预先设想的商业模式的财务收益、预先设定的契合以及确定测试哪些假设？	我展示史莱克模型，那是使人感到紧张的意第绪语（Yiddish）表达。 弗兰克·盖里，建筑师	
从概念原型出发，使用访谈、观察和实验以测试最初的价值主张和商业模式。	和你以为会发生的（即你的假设）相比，事实上在你的实验中发生了什么？	如果你需要改变你的商业模式或价值主张画布的任一构建障碍，为什么需要？	在屋子里面没有事实……所以走出去，与顾客交流。 史蒂夫·布兰克，企业家和教育家	
你想要测试的有优势和特点的最小化可行产品（MVP）。	是否你的产品和服务真的能够为客户减轻痛点、创造收益？	如果你需要改变你的价值主张里的产品和服务，为什么需要？哪些减轻痛点和创造收益的价值主张起作用，而哪些不起作用？	早失败，快成功。 大卫·凯利，设计师	

3.1 测试什么

测试循环

除了最初的客户调研以外，通过开展可提供证据的实验来测试什么工作、痛点和利益对客户来说最重要。只有在完成了这个测试之后，你才能开始实施你的价值主张。这样做会防止你把时间浪费在客户并不关心的产品和服务上。

在专注于如何帮助客户（正方形）之前，提供证据说明（圆形）客户关心的是什么。

从工作、痛点和收益开始

在设计部分，我们已经查看了一系列方法，以便更好地了解客户。在本章中，我们将更进一步。"测试循环"的目标是用证据确认我们的客户描述、初步研究、观察以及我们的访谈洞察力是正确的。我们的目标是更加明确地了解什么工作、痛点以及收益是客户真正关心的。在你专注于你的价值主张以前，获取有关客户的工作、痛点和收益的证据是非常重要的。如果你是通过测试你的价值主张开始做起的，你就永远不会知道客户是否会拒绝你的价值主张，或者你是否只是简单地解决不重要的工作、痛点或收益。如果你已经有了客户最关心的工作、痛点和收益的证据，以上困境是不太可能出现的。

当然，这意味着你需要找到有创意的方法来测试客户的喜好，而不是依赖最小化可行产品（MVP）的使用。我们将利用测试库里的工具展示如何进行，见第214页。

- 哪些利益对你的客户来说是重要的?
- 哪些是最必要的?

你是否有证据证明……吗?

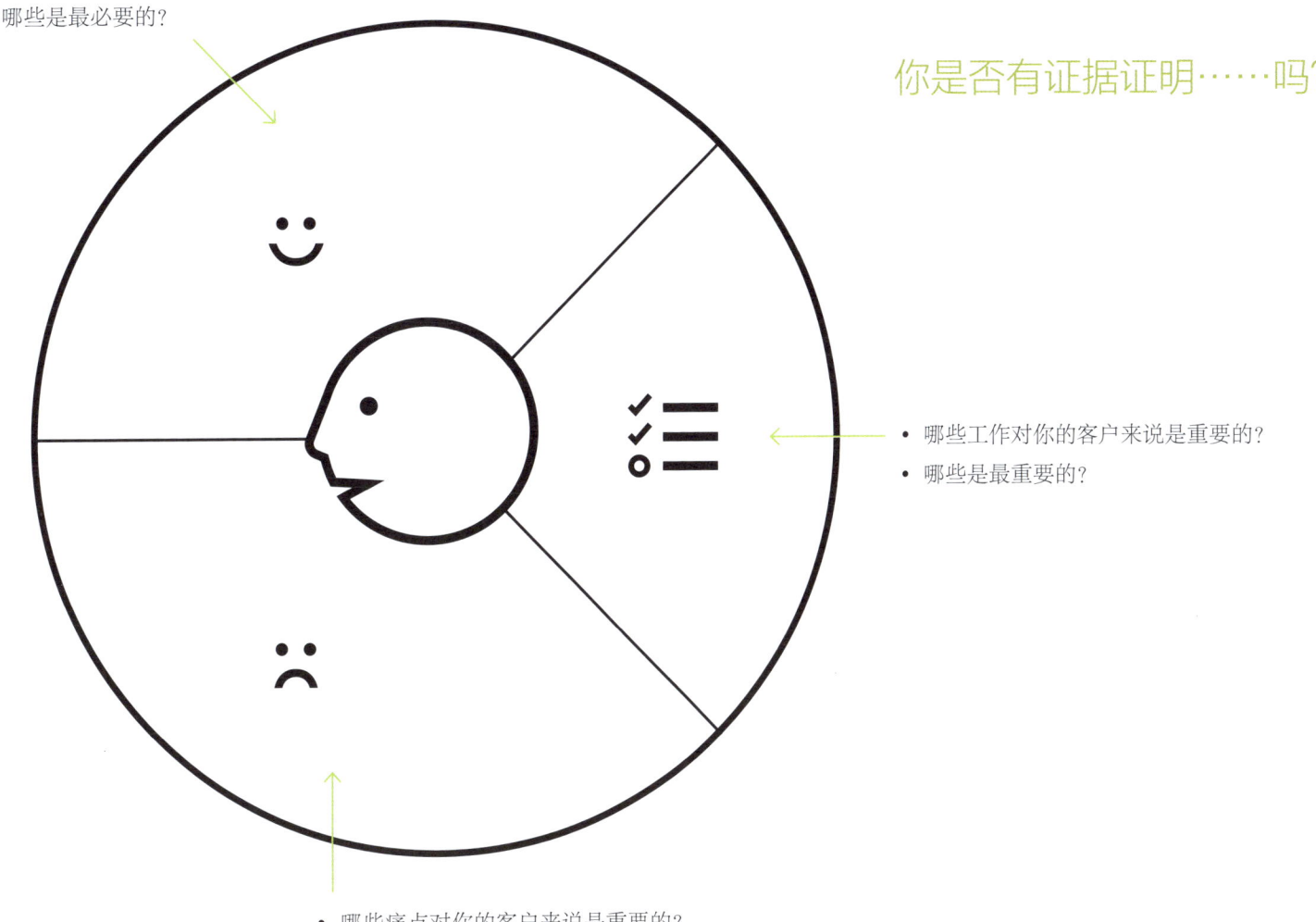

- 哪些工作对你的客户来说是重要的?
- 哪些是最重要的?

- 哪些痛点对你的客户来说是重要的?
- 哪些痛点是最严重的?

测试正方形

测试你的客户是否以及有多在乎你打算提供给他们的解决方案。设计实验，以提供证据表明你的产品和服务可以去除痛点并创造对客户来讲很重要的收益。

你有证据表明……吗？

- 你的哪一类产品和服务是客户真正想要的？
- 他们最想要什么？

- 哪些是客户真正需要或渴望的收益？
- 哪项收益他们最渴望？

- 哪些是客户真正需要消除的痛点？
- 哪个是他们最想要消除的？

提供证据说明你的客户在乎你的产品和服务，帮助他们消除痛点、创造收益。

测试价值主张的艺术

测试你的客户有多在乎你的价值主张是一门艺术，因为其目标是在没有全面实施你的价值主张以前，尽可能廉价且快速地进行测试。

通过设计可衡量的实验，你需要在一段时间内测试你的价值主张的其中一个方面以了解客户的接受程度，获得客户洞察力，并从中学习，见第214页。

请确保你的实验能让你了解你的产品和服务的哪些方面是客户赞赏的，这样你就可以避免提供任何不必要的产品和服务。换句话说，就是去掉任何不能直接有助于你正在尝试学习并获取证据的产品特征。

在你开始制作产品和服务的原型之前，确保你的目标是找到最简单的、最快捷的以及最便宜的方式来测试你的价值主张是否可以减少客户痛点或创造客户收益。

测试矩形

测试你的价值主张所在的商业模式中最关键的假设。请记住，即使再好的价值主张，如果没有健全的商业模式也会失败。提供证据表明你的商业模式是有可能发挥作用的，不仅给客户而且给你的企业，创造比成本更多的收益。

提供证据证明你打算创造、交付和获得价值的方式是可能起作用的。

不要忽略测试你的商业模式

如果你的商业模式创造出的收入比花费的成本低的话，即使有一个成功的价值主张，你也可能会失败。很多创业者都专注在设计、测试产品和服务上，以致他们有时会忽略这个明显的方程式（利润=收入–成本），其公式是从商业模式画布里的创建阻碍得出的。

如果你没有渠道以客户想要的方式来达到他们想要达成的，你的价值主张就是没有价值的。同样地，花在获取客户上的钱多于从那些客户身上赚取的钱的商业模式也将不会长久存活下来。同样地，如果为客户创造价值所需要投入的资源的成本高于从客户获取的价值，公司很显然会难以为继。在某些市场，你可能需要联合主要合作伙伴，但他们有可能缺乏兴趣和你一起合作。设计实验测试那些成就你的商业模式最重要的假设，从而避免虽然你有个伟大的价值主张却因为商业模式的失败而功亏一篑。

你有证据显示……

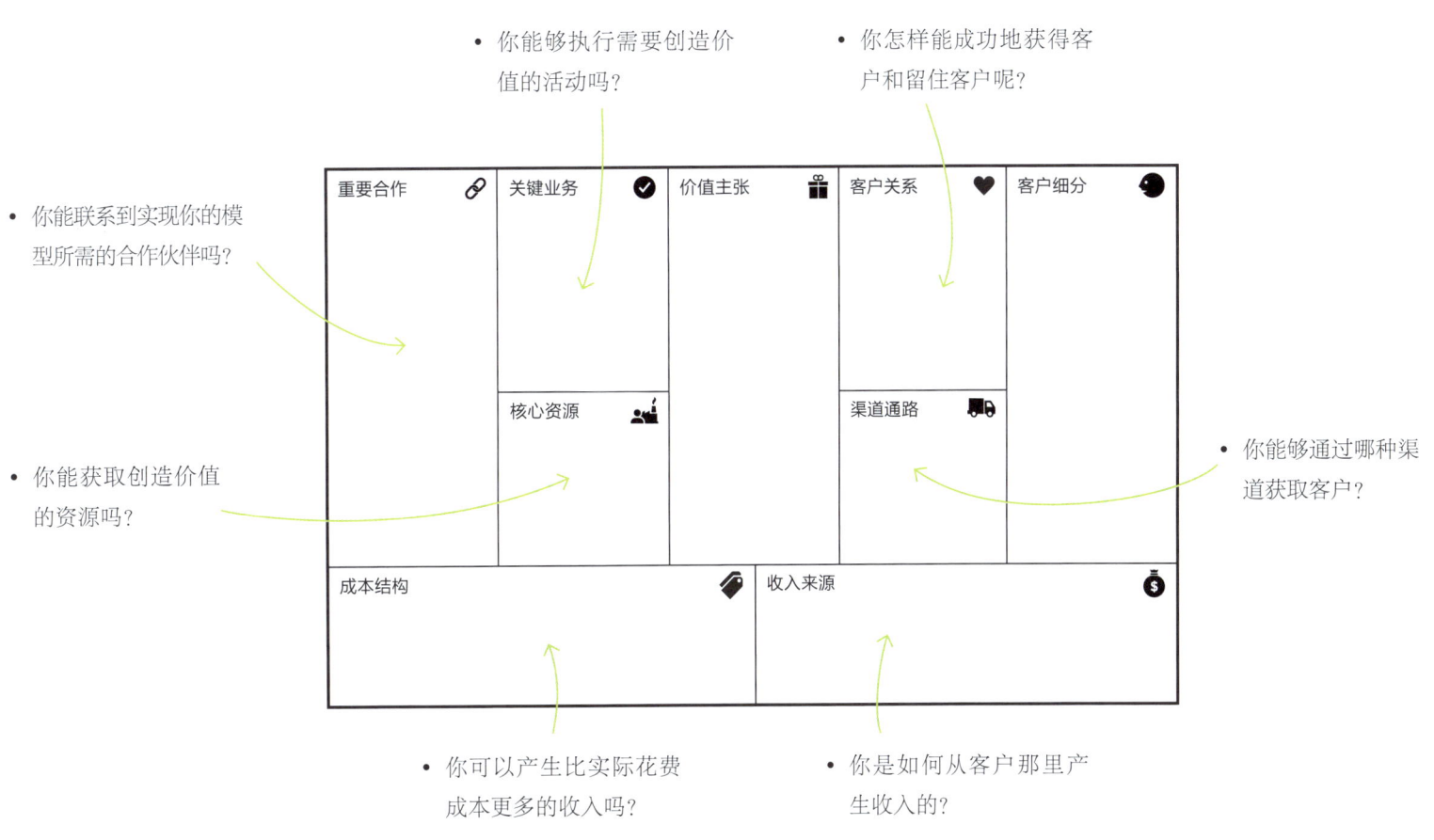

3.2 一步一步测试

测试过程概述

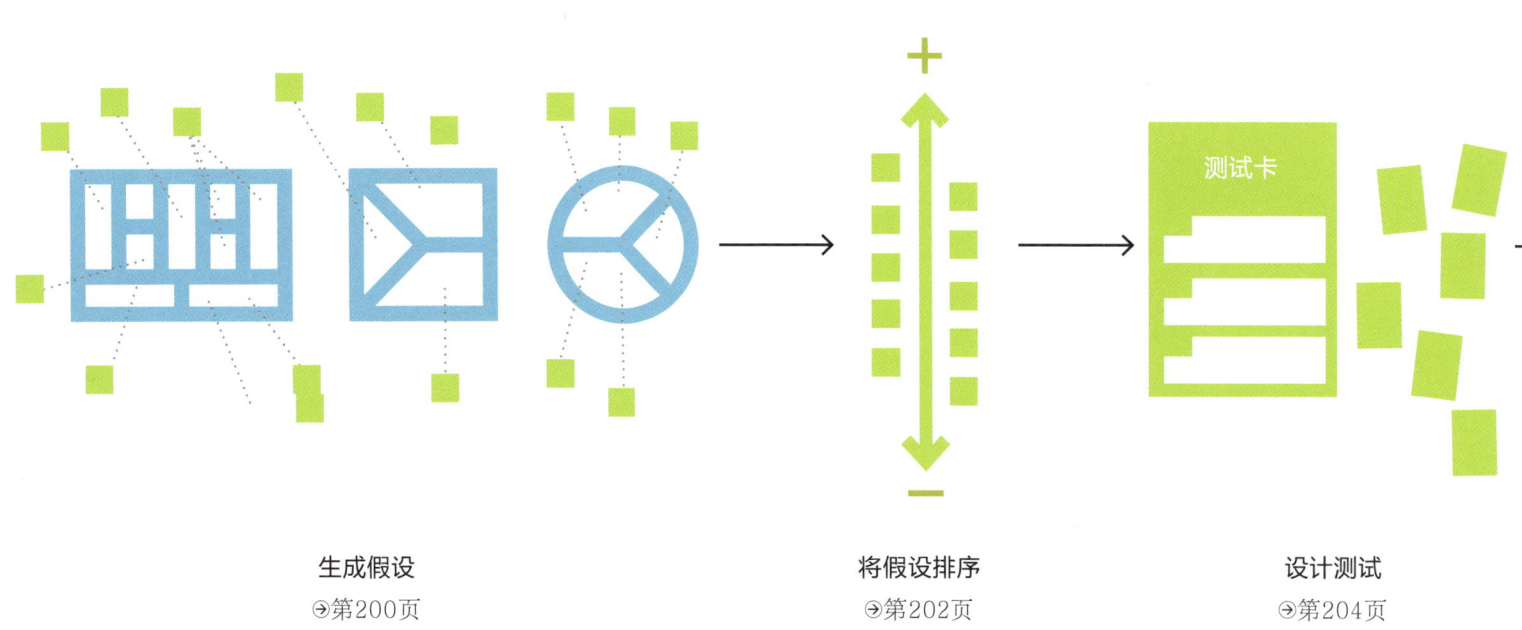

生成假设
➲第200页

将假设排序
➲第202页

设计测试
➲第204页

■ 设计　■ 测试

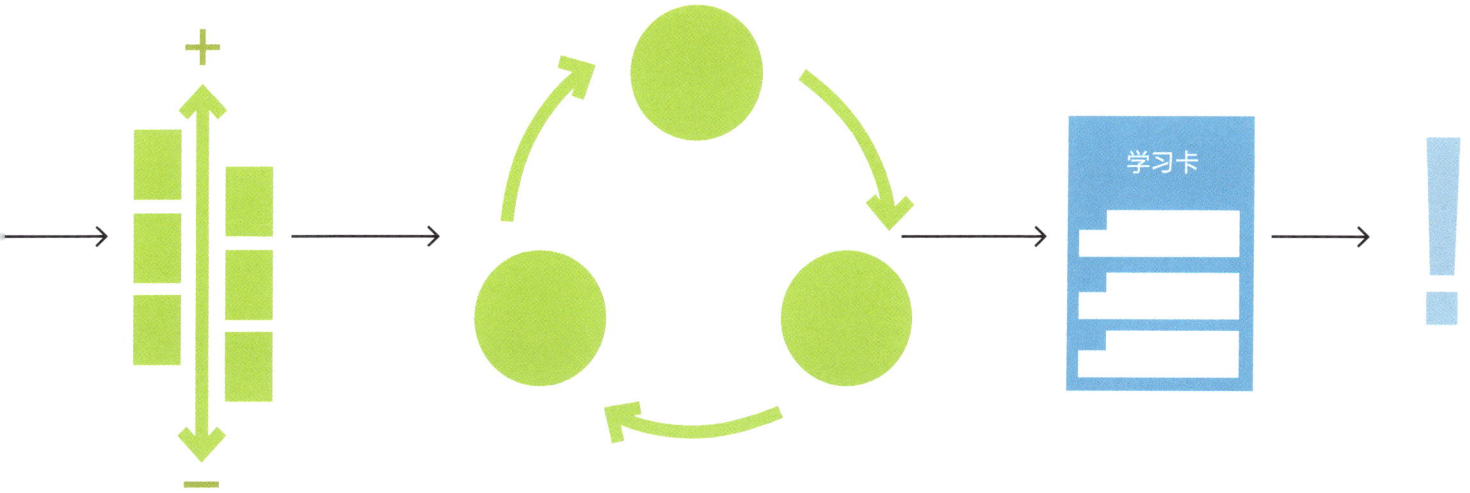

价值主张设计 / 测试 / 3.2

199

将测试排序	运行测试	获取学习	取得进展
➔第205页	➔第205页	➔第206页	➔第242~245页

 获取"测试过程概要"海报

生成假设：为成功实施你的创意，哪些假设必须经过测试是真的？

在你"离开办公室"之前，使用价值主张和商业模型画布来确定要测试的内容，确定哪些为成功实施你的创意，必须经过测试是真的假设。

在线测试

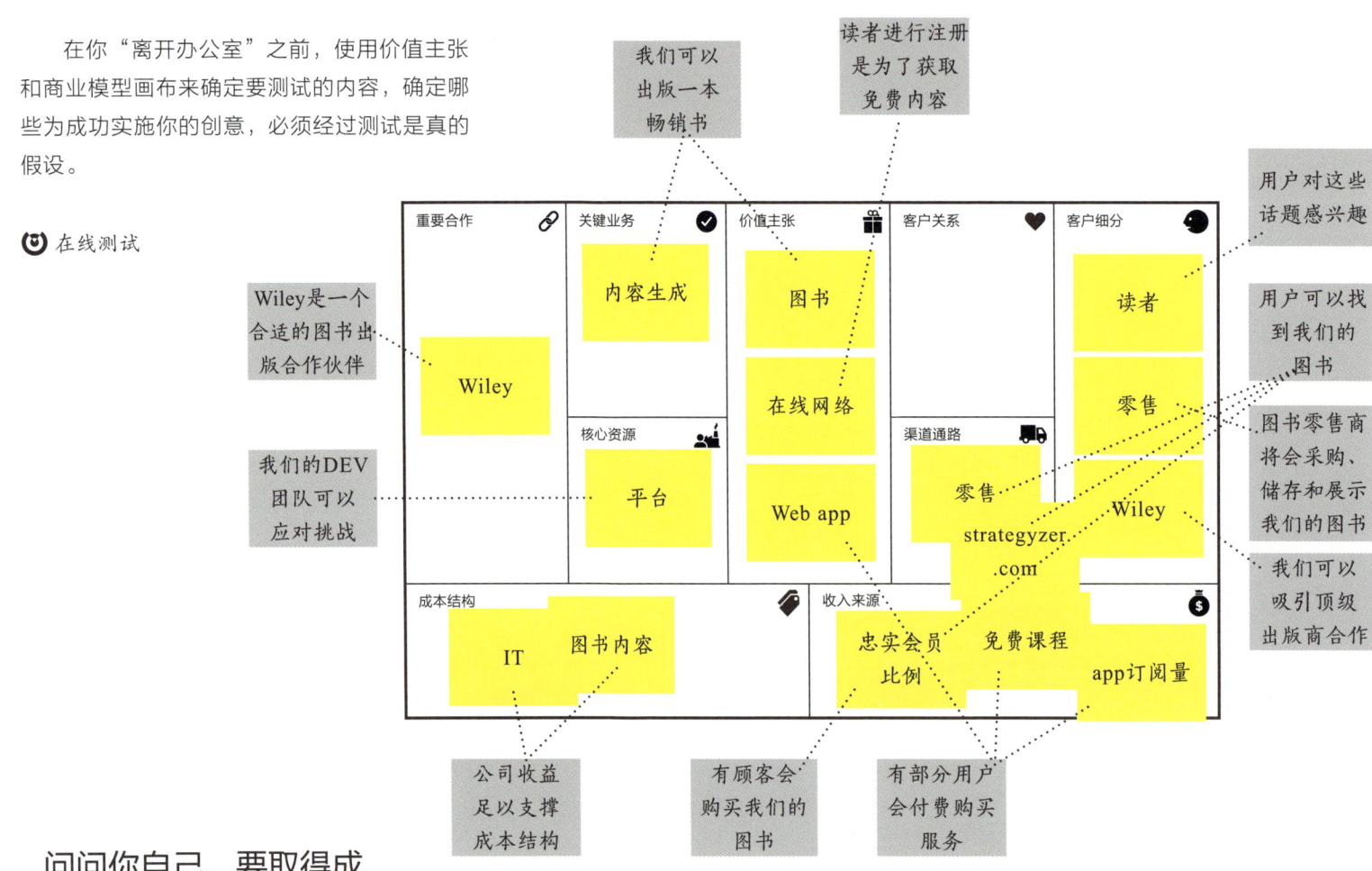

问问你自己，要取得成功，哪些假设必须经过测试是真的⋯⋯ ➡ ⋯⋯关于你的商业模式？

定义
业务假设

业务假设是那些部分或全部执行你的创意，必须为真的但还未经过测试的东西。

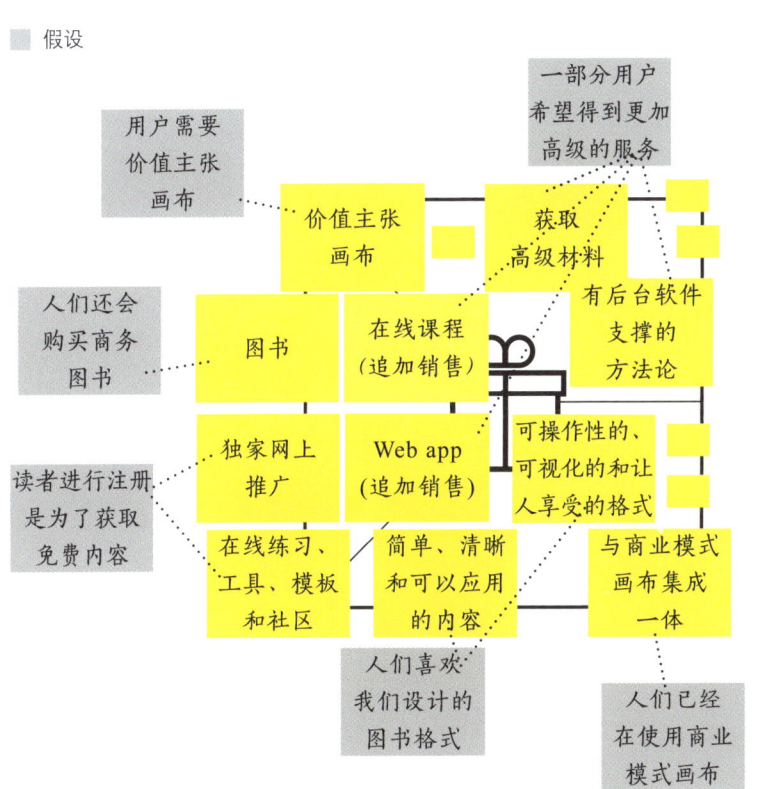
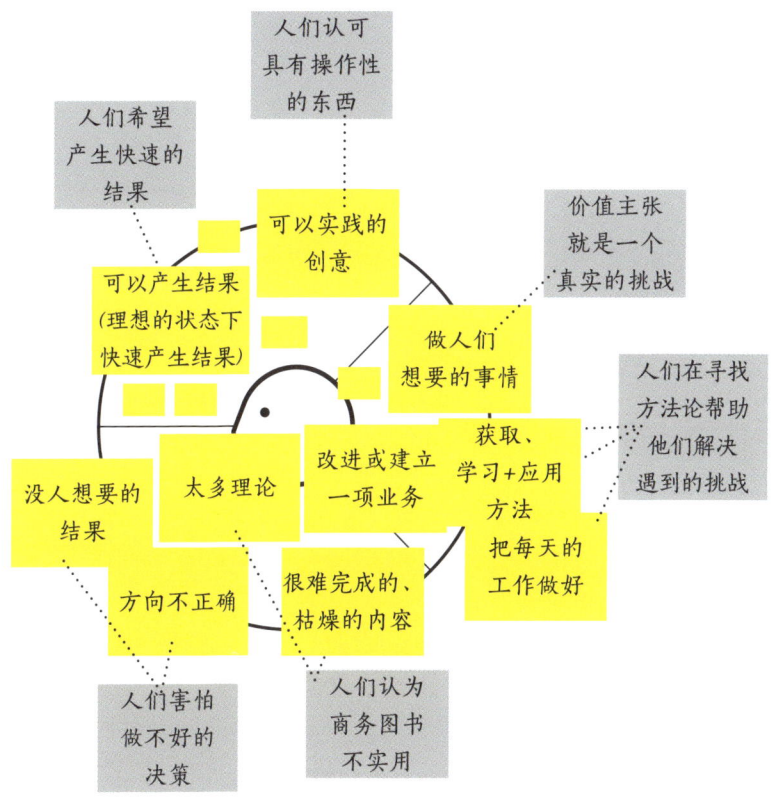

→ ……关于你的价值主张的假设？ → ……关于你的用户的假设？

将所有假设进行排序：
哪些假设可能毁了你的业务？

并不是所有的假设都是同等重要的。有些假设可以毁了你的业务，而有些假设只是在那些最重要的假设为真时才起作用。因此，我们要从那些最重要的假设开始。

➡ 确定业务杀手。这些都是对你的创意至关重要的假设。从测试它们开始！

按对你的创意生存和发展的重要性次序来排列你的假设：

对生存至关重要

如果人们没有做出或不担心不好的业务决策（尤其是关于产品和服务），抑或他们不寻找方法来帮助他们解决此类问题，那么我们的创意就没有存在的价值。

- 人们害怕做不好的决策
- 人们在寻找方法论帮助他们解决遇到的挑战
- 价值主张就是一个真实的挑战
- 用户需要价值主张画布

如果人们不再纠结于价值主张，如果他们不知道价值主张画布可以作为一个有用的工具，那么就没有实现我们创意的机会。

~~人们对这个话题感兴趣~~

双重假设——消除一张粘贴纸

- 人们还会购买商务图书
- 我们可以生产畅销书
- 人们喜欢我们的风格
- 我们可以吸引一个顶级的出版商

如果人们不会再购买商业书籍，我们不能出版一本他们喜欢的格式的畅销书，那么我们的创意就没有存在的基础。

- 零售商需要、存储、展示书籍
- 人们会发现我们的书

非常关键的是人们喜欢或钟爱我们的书，但这仅仅是个开始。如果他们找不到它，或者不知道这本书，即使他们可能会喜欢，也不可能购买。

- 人们将会购买商务图书
- 读者为了免费内容进行网上注册

至关重要的是，我们可以让人们使用strategyzer.com，所以我们可以为那些感兴趣的人追加提供更多服务。

- 有些人转而为服务付费
- 成本结构可以被收益所支撑
- ……

对生存不重要

➤ **哪个方面更重要？**

设计你的实验与测试卡

用这个简单的测试卡结构化所有实验。从最关键的假设开始实验。

🌐 网上下载测试卡并完成作业

1 设计实验

描述你想要测试的假设。

描述你如何设计实验去测试这个假设是正确的,还是需要进一步修订。

定义需要衡量的数据。

定义一个目标值来确定该假设是被测试或被证伪的。提示:考虑跟进更多的实验,以增加确定性。

测试卡 — Strategyzer

| 谷歌关键字广告 | 2014年5月1日 |
| Natasha Hanshaw | 2周 |

第一步:描述假设
我们相信 商务人士在寻找有效的方法帮助他们更好地设计价值主张。

关键程度 ⚠ ⚠ ⚠

第二步:测试描述
为了测试以上假设,我们 将会实施一个谷歌关键字广告,广告的关键字是"价值主张"

测试成本  数据可靠程度

第三步:衡量指标
我们衡量 广告的点击率。

所需时间

第四步:成功标准
如果符合以下 标准,那么我们的假设就是对的。我们至少达到2%的点击转化率(点击的次数除以广告展示的总次数)。

Copyright Business Model Foundry AG — The makers of Business Model Generation and Strategyzer

— 测试的名字、完成时间以及负责人。

— 展示该测试对实施整个创意的关键程度。

— 展示进行该测试需要投入的成本。

— 展示收集数据的可靠程度。

— 展示该测试需要的时间。

➡ 我将如何学习?

4

运行实验

从排在顶部的实验开始测试。

警告：如果第一次实验使你最初的假设无效，你可能不得不回到画布，重新考虑你的创意。这可能会使列表中剩余的测试卡无效。

对生存至关重要

对生存不重要

2

为最关键的假设设计一系列实验

小贴士：

<u>对最关键的假设，考虑使用多个实验来测试。开始时，用廉价和快速的测试。然后，如果有必要的话，跟进更精确、更可靠的测试。因此，你可以为一个相同的假设创建几个测试卡。</u>

3

测试卡排序

将最关键的假设排在最优先测试的位置，同时考虑将那些可以以低廉成本快速完成的测试在早期进行，因为早期的不确定性更大。随着确定性的增加，进而增加花费获取更可靠的证据。

→ 重复。

→ 哪儿可以更快地学到更多？

使用学习卡捕获你的洞察力

用这个简单的学习卡使你获取的洞察力结构化。

描述你要测试的假设。

概述你的实验数据和成果。学习卡可能综合来自几个测试卡的结果。

描述你从测试结果得出了什么结论和洞察力。

描述基于你的洞察力,你将会采取什么样的行动。

下载学习卡

学习卡 Strategyzer

对价值主张方法的需求 | 2014年5月1日

Natasha Hanshaw

第一步:描述假设
我们相信 商务人士在寻找有效的方法帮助他们更好地设计价值主张。

第二步:观察
我们观察到 在工作坊上很强的需求以及谷歌关键字广告2.5%的点击转化率。

数据可靠程度

第三步:洞察力与学习
我们学到 有足够多的人对这个话题感兴趣。

需要的后续行动

第四步:决定与行动
因此,我们将 在LinkedIn上发布一个推广,按照客户细分(比如产品经理等)开发市场。

Copyright Business Model Foundry AG　　The makers of Business Model Generation and Strategyzer

命名洞察力、学习日期和项目负责人。

请标注测量的数据有多可靠。

基于你所学到的,突出显示需要采取多么显著的行动。

无效的

回到画布：重新审视

当你测试第一个假设被证伪时，重新找到新的细分市场、新的价值主张或新的商业模式，让你的创意得以执行。

例如，当你发现你的客户对你基于一种新型的技术而开发的价值主张不感兴趣的时候，那么请寻找新的细分市场、新的价值主张和商业模型。

了解更多

寻求确定

当基于少量快速和早期实验数据的测试表明需要采取更有力的行动时，请设计和开展进一步的测试。

例如，如果从潜在客户访谈中发现客户对需要大量的投资才能提供的服务显示浓厚的兴趣，请跟进设计一些实验，生成更可靠的数据。

加深你的理解

当你发现某个趋势正在发生，设计和进行进一步的测试以了解为什么它会发生。

例如，如果定量数据的实验表明，潜在客户是不感兴趣的，那请跟进一个定性访谈，了解他们为什么不感兴趣。

通过测试

扩展到下一个模块

当你对获取的洞察力和数据的可靠性感到满意，请继续前进，测试下一个重要的假设。

当你经过测试发现客户对你的产品感兴趣，设计下一个实验，测试你的渠道合作伙伴是否愿意采购和推广你的产品。

执行

当你对获取的洞察力和数据的可靠性满意时，你可以直接基于你的发现开始操作。

例如，当你了解并测试你的渠道合作伙伴对你的价值主张产生兴趣且愿意零售时，招聘的销售人员开始加大销售力度或设计专用的市场营销资料。

你进行了实验并获取了洞察力。那么，现在开始做什么？

你的学习速度有多快？

矗立在你和发现客户及合作伙伴的真正需求中间的是，你和你的团队能够以怎样的速度持续地完成设计/创建、测试/衡量、学习循环。这被称作周转周期。

你学习的速度非常关键，特别是在价值主张设计的早期。当你刚刚启动时，不确定性是最大的。你甚至不知道客户对你想关注的工作、客户的痛点、客户的利益是否感兴趣，更不要提他们是否对你的价值主张感兴趣。

因此，在早期设计一些超快速的实验并产生最大化的洞察力，使得你可以快速进行调整。故而在启动早期就开始写商业计划书或者启动一个大型的第三方市场调研是多么错误的行为，当然这些行为在后期是比较有效的。

学习的工具

快速塑造你的创意，分享、挑战并不断迭代更新，并且生成假设以测试。

快速获得第一手关于市场的洞察力。由于是自己采取的行动，因此获取的洞察力可以确保时效性和高相关性。你也可以基于获取的洞察力而采取快速的行动。

使用第214页实验库里的所有实验方法。当不确定性高的时候，采用那些快速的实验方法。当你有证据表明你已经沿着正确的方向进行时，接下来采用那些更加可靠的、比较慢速的方法。

商业计划书是一种比较精炼的文件而且通常不会有什么内容要更改。当你已经有了清晰的证据且正在接近执行阶段的时候，开始制定详细的商业计划书。

市场调研通常花费不菲且需要比较长的时间。这种方法并不是一种最优的方法，因为它不能支持你进行快速的调整。然而在进行现有价值主张的改善时，这种方法会更加有效。

试验性项目通常是公司内测试一个创意必然会采用的方法。然而，在此之前，建议先进行一些快速且低成本的实验，因为大多数的实验性项目通常基于相对比较成熟的价值主张，这些实验性项目需要大规模的时间和财务成本。

> 迭代的速度越快，你可以学到的东西越多且成功得越快。

基于快速实验的六轮快速迭代循环比基于慢速实验的三轮长迭代循环，可以产生更多的洞察力。因而，相比慢速实验方法，快速实验方法将会更加快速地产生更多学习洞察力以更显著地减少风险和不确定性。

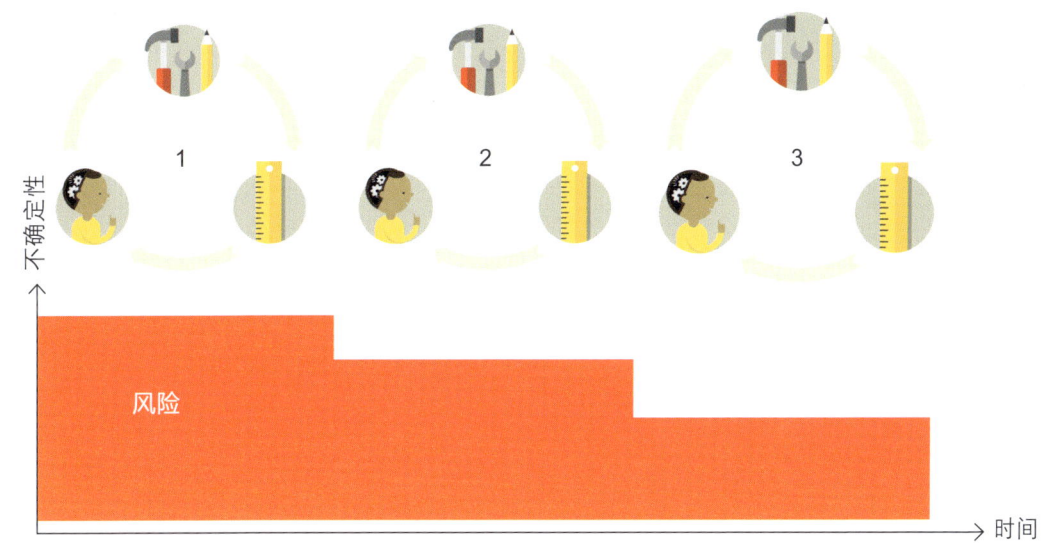

不要浪费你的时间！

想象一下，你花了一个星期、一个月或者更长的时间完善你的创意。想象一下你花了如此多的时间冥思苦想如何才能产生更具增长率的数字，但是却发现你的客户与合作伙伴可能根本不在乎你所谓的价值主张。这是在浪费时间！

要避免的5个数据陷阱

通过批判性思考你的数据以避免失败。实验产生有价值的证据可用来降低风险和不确定性，但它们无法100%预测未来的成功。此外，你可能简单地从你的数据得出错误的结论。避免以下5种陷阱，以确保你成功测试你的创意。

假正面陷阱

风险：看到其实不存在事物。
发生情况：当你的测试数据误导你下结论，比如你的客户有一个痛点，但其实这不是真的。

小贴士
- 在你测试正方形之前测试圆形。了解客户的相关情况，以避免被不相干的积极信号或价值主张误导。
- 在做重要的决定之前，针对相同的假设设计不同的实验。

假负面陷阱

风险：没有看到其实存在的事物。
发生：当实验没有发现，比如一个客户真正在做的工作。

小贴士
请确保你进行了足够的测试。文件托管服务商Dropbox最初通过谷歌关键字广告测试客户的兴趣。因为没有足够的人点击他们的广告，Dropbox认为这个假设是不存在的。但事实却是相反的，之所以没有人搜索是因为它是一个新的市场，而不是因为人们并不感兴趣。

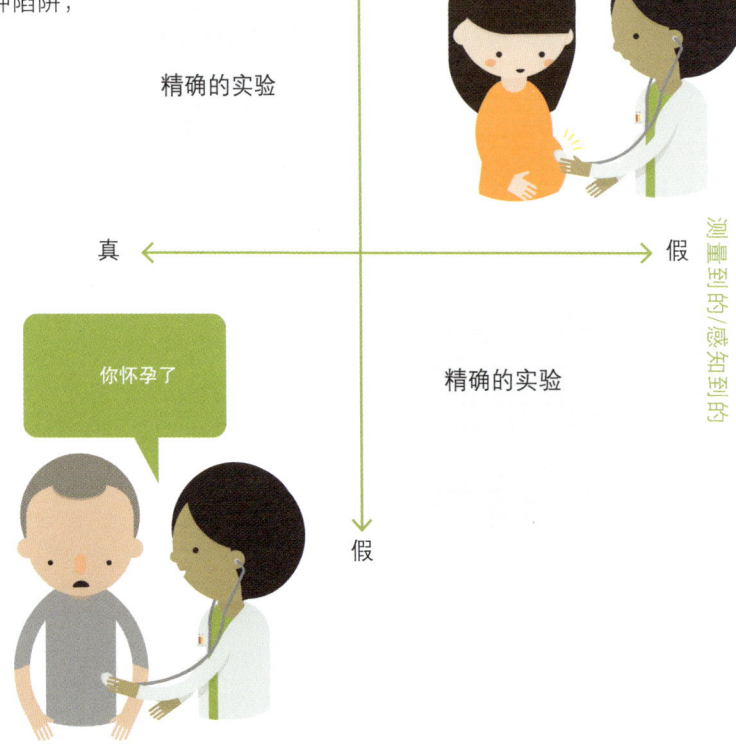

"局部最大值"陷阱

风险：错过了真正的潜力。

发生：当你进行实验时，往往围绕局部效益最大化而沾沾自喜，进而忽略了更大的机会。例如，当存在一个更加盈利的模式时，积极的实验反馈可能会导致你坚持一个更加不盈利的模式。

小贴士

专注于学习，而不是持乐观态度。如果测试数据是积极的，但数据看起来好像应该是更好的（例如，更大的市场、更多的收入以及更好的利润），要义无反顾地回到设计更好的备选方案中去。

"用尽最大"陷阱

风险：忽视限制因素（例如，一个市场）。

发生：当你认为一个机会比现实中的更大时。例如，当你觉得你只是基于一个很大的人群中的一部分在进行抽样测试，但实际上却是在测试整个人群。

小贴士

设计有潜力的测试题目，而不是立即就能解决的测试题目。

错误的数据陷阱

风险：在错误的地方调研。

发生情况：你可能因为查看错误的数据而放弃一个机会。例如，你可能会放弃一个创意，因为你正在测试的客户不感兴趣，可你没有意识到，有些客户却是感兴趣的。

小贴士

在你放弃之前，重新设计其他方案。

测试卡

Strategyzer

测试项目	截止日期
分配给	持续时间

第一步：描述假设
我们相信

关键程度
⚠ ⚠ ⚠

第二步：测试描述
为了测试以上假设，我们将会

测试成本　　数据可靠程度

第三步：衡量指标
我们衡量

需要的后续行动

第四步：成功标准
如果……那么我们的假设就是对的

Copyright Business Model Foundry AG　　*The makers of Business Model Generation and Strategyzer*

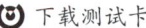
下载测试卡

学习卡

Strategyzer

洞察力名称　　　　　　　　　　　学习的日期

负责人

第一步：描述假设
我们相信

第二步：观察
我们观察到

数据可靠程度

第三步：洞察力与学习
我们学到

需要的后续行动

第四步：决定与行动
因此，我们将

Copyright Business Model Foundry AG　　The makers of Business Model Generation and Strategyzer

下载学习卡

3.3
实验库

选择实验组合

每个实验都有优势和劣势。一些实验既快捷又廉价，但产生的数据可靠性较低。一些实验可以产生更可靠的证据，但需要更多的时间和金钱来实施。

当你设计实验组合时，需要考虑到成本、数据的可靠性和所需的时间。作为一个经验法则，当不确定性很高时，开始使用廉价的实验，之后增加你在实验上的花费以增加其确定性。

定义
实验
测试价值主张或商业模式假设的真伪并产生证据的过程。

从我们的实验库中选择一系列的实验，或使用你的想象力去创造新的实验。当你设计实验组合时，请保持牢记以下两件事：

客户说的和做的是不同的。

使用从客户那里提供的书面证据，作为实验的起始点。让客户执行操作，并使他们参与（例如，与原型互动）以产生更有力的证据。要基于他们做了什么，而不是他们说了什么。

你在那里或你不在那里，客户的行为是不同的。

在与客户的直接联系中，你可以了解到为什么他们做或说些什么，并获取客户对你的价值主张的意见。然而，你在现场和你不在现场可能会导致他们表现不一样。

如果你与客户建立的是间接联系（例如，在网络上），那么客户的反应则更接近于客户日常的真实情况。你可以收集数值型数据，并跟踪有多少客户执行你希望看到的行为。

小贴士

使用这些方法来测试客户是否真正如他们所说的。收集证据证明有关工作、痛点和他们的收益等是真实的，并且证明他们是真的对你的产品和服务感兴趣。

直接接触客户
定性了解为什么以及如何改善

间接观察客户
定量化了解具体数字

小贴士

使用这些方法来了解客户如何与你的模型进行互动。投资通常较高，但可以产生具体的和可操作的反馈。

客户做的
观察行为

实验室研究
- 学习模型，第222页
- 实际尺寸原型，第226页
- Oz的向导，第223页

生态人类学家，第114页
现场研究

销售行为
- 模拟销售，第236页
- 售前，第237页
- 众筹，第237页

跟踪行动
- 广告和链接跟踪，第220页
- 登录页面，第228页
- 对比测试，第230页

小贴士

在设计过程的早期阶段中，使用这些技巧，因为早期阶段投资少，并且设计者能产生快速的洞察力。

客户说的
观察态度

可参与的设计和评估
- 插图、故事板和场景，第224页
- 高速的游艇或机动艇，第223页
- 产品包装盒，第234页
- 购买产品特性，第235页

新闻工作者，第110页
进行访问

发掘，第108页
数据分析

Inspired by the work in user experience by Christian Rohner (NN).

鼓励客户采取行动产生证据

用实验来测试客户是否感兴趣,他们有什么偏好,他们是否愿意为你的产品和服务买单。呼吁客户尽可能多地参与进来执行一项行动,从而产生哪些是有用的证据,哪些是没用的证据。

越多的客户(测试对象)用投资来执行一项行动,就证明他感兴趣的程度就越强烈。单击按钮、回答问卷调查、提供个人的电子邮箱或预购是不同层次的投资。相应地选择你的实验方式。在价值主张设计的初期,低投资水平的行动是适当的。那些需要高水平投资的行动在以后的过程中会变得更有意义。

定义
呼吁行动(CTA)

根据提示主题执行某项操作;被用在一项实验中来测试一个或多个假设。

使用实验来测试……

兴趣和相关性

证明潜在的客户和合作伙伴真正感兴趣,而不仅仅只是他们告诉你感兴趣。表明你的创意与他们有很大的相关性,让他们执行超越口头承诺的操作(例如,电子邮件注册、与决策者和预算负责人举行会议、意向书等更多内容)。

优先级和偏好

显示你的客户和合作伙伴对哪些工作、痛点和利益最为看重,哪些最为不看重。提供证据表明他们喜欢你的价值主张的功能。证明你的产品的哪些功能是他们真正在乎的,哪些不是他们真正在乎的。

支付意愿

提供潜在客户对你的价值主张有足够兴趣并愿意支付的证据。提供事实,表明他们会把他们的钱花在他们所说的地方。

跟踪广告

为新的价值主张，使用广告跟踪来探索潜在客户的工作、痛点、收益以及兴趣。广告跟踪是广告商用于测量广告支出效果的技术。甚至在一种价值主张存在之前，你可以使用相同的技术来探索客户的兴趣。

使用谷歌关键字广告来测试客户的兴趣

我们使用谷歌关键字广告来演示此技巧，因为它特别适合用于测试基于搜索量的广告（其他服务，如LinkedIn和Facebook也是非常有效的工具）。

1. **选择搜索条件**

   选择搜索条件，最能代表你想要做的测试（例如，客户工作、痛点、收益或者对价值主张的兴趣）。

2. **设计测试广告**

   设计有一个标题链接到一个登录页面和简介的测试广告页面。请确保它代表你想要测试的内容。

3. **启动你的广告活动**

   定义你的广告/测试的预算并启动它。为点击而支付，因为这表示对你的广告感兴趣。

4. **衡量点击量**

   了解有多少人点击你的广告。没有点击可能表明别人对此缺乏兴趣。

在哪里应用？

尽早测试兴趣以了解客户的工作、痛点、收益以及客户对你的价值主张的兴趣。

跟踪唯一链接

设置跟踪潜在客户或合作者真正感兴趣的唯一链接，测试他们在会议中、访谈中或者电话里可能不会告诉你的那些信息。这是一种极其简单的用来测试真正的兴趣的方式。

在哪里应用？

这在任何地方都适用，特别是在创建最小化可行产品难度比较大的行业里，比如工业产品和医疗设备行业，特别有效。

1
"制造"一个独特的链接

一个独特的、可追踪的链接可获取有关你的创意（比如，下载、登录页面）的详细信息与服务（比如谷歌）。

2
介绍和跟踪

向潜在的客户或合作伙伴解释你的创意。在会议期间或之后（通过电子邮件）给这个人一个唯一的链接，并提示他通过此链接可以获取更详细的信息。

3
了解真正的兴趣

跟踪是否已使用那个唯一的链接。如果没有使用该链接，这可能表明缺乏兴趣或者有比你的创意要解决的工作、痛点和收益更重要的事情。

最小化可行产品目录

MVP代表最小化可行产品，是精益创业（the lean start-up movement）倡导的一种概念，旨在在完全生产出整个产品以前，通过MVP能有效测试市场对产品的兴趣，而不是建立一个完整的产品，并测试调整我们的价值主张。

MVP在本书中的定义

价值主张的原型或实物展示，用于测试一个或多个假设的真伪。目标是尽可能快速、廉价、高效地进行测试。MVP主要用来挖掘潜在客户和合作伙伴的兴趣。

小贴士：

即使在预算充足的大公司里，也要从小投资的测试开始。例如，在你引入一个摄制组制作"专业化"的视频之前，使用你的智能手机测试用户对视频的反应，随后扩大测试范围。

通过MVP让你的价值主张可以被触及

在实施价值主张以前，使用下面的技术测试潜在客户和合作伙伴对价值主张的兴趣，使你感受到的价值主张更真实、更实际。

数据表

你想象中的价值主张的关键参数。

要求：文字处理器。

样本

制作你想象中的价值主张介绍资料。

要求：文字处理器和设计技巧。

演示图板

展示使用你的价值主张帮助客户解决现实问题的一种情境。

要求：素描艺术。

登录页面

网站概述你想象中的价值主张（通常同时配备CTA）。

要求：网页设计师。

通过展示MVP功能特性获取学习洞察力

通过在实验里展示原型设计，从潜在的客户和合作伙伴那里获取学习洞察力。

产品包装盒

你想象中价值主张的原型外观包装。

要求：包装设计师与原型。

学习用的原型

能够展现你的价值主张，具备最基础功能特性的原型模型。

要求：产品开发。

视频

视频展示了你想象中的价值主张或解释它是如何工作的。

要求：视频技术人员。

奥兹的向导（Wizard of oz）

建立一个仿真的工作环境，人工手动地操作演示你的价值主张是如何工作的。

要求：需要使用你的双手实际操作。

插图、情境和故事板

分享插图、演示图板和有关价值主张的想法，从你的潜在客户那里了解到什么对他们来说是真正重要的情境。这些展示方式是快速和廉价的，但是可以将即使是最复杂的价值主张"实物化"。

小贴士：

- 在企业对企业（B2B）环境下，为每个重要的细分客户考虑你的价值主张意味着什么，比如使用者、控制拥有者、决策者等。
- 对于现有的组织，请确保在此过程邀请面向客户的工作人员参加，得到他们对新的价值主张的认可，并通过他们向客户展示你的价值主张设想。
- 辅以模拟数据表格、样本或者视频来让你的创意变得更加有形。
- 在略有不同的情境下进行A/B测试，以捕获哪些变量会引发不同的结果。
- 每个细分市场设置4~5次会议，这足以收集到有意义的反馈。
- 利用与客户的关系，稍后使用更为复杂精密的原型来重复该过程。

Process adapted from Christian Doll, bicdo.de.

1
价值主张的替代原型

对同一类客户群，展示几种相似但又不同的原型模型，即获取多样性（8~12种略有不同的价值主张）和变化性（即稍有不同的原型模型）。

2
定义情境

使用演示图板勾画出客户将如何在现实世界中体验价值主张。

3
创建引人注目的视觉效果

使用插画产生引人注目的视觉效果，使客户更加明确、有形地体验你的价值主张。为每个价值主张或整个故事板使用单个插图。

问客户的问题：

哪些价值主张真正为你创造价值？

哪些价值主张我们应该保持和向前推动，哪些我们可以放弃？

深入挖掘每个价值主张，特别关注客户的工作、痛点和收益，并询问：
- 缺少的是什么？
- 应该把什么放在一边？
- 什么是应该添加的？
- 什么是应该减少的？
- 总是问为什么以获取定性反馈。

4
对客户进行测试

约见客户，并呈现不同的插图、方案和演示图板；开始与客户进行对话，激起客户的反应，了解客户真正在乎的东西。请客户从对他们产生多大价值的角度对所有价值主张进行排序。

5
总结和改进

应用从客户测试获取的洞察力，进而决定哪个价值主张你将继续探索，你会放弃哪些，哪些需要进一步的调整、改进。

"实际大小"的原型实验

让你的客户与接近真实的原型交互,体验你的价值主张。坚持快捷、快速、低成本的原型原则,来收集客户洞察力。添加CTA来测试客户是否感兴趣。

概念车和实际的原型

概念车向人们展示新的设计和技术,目的是从客户那里得到反馈,而不是直接进入批量生产。

Lit Motors使用精益创业的原则,测试一个电子化的陀螺控制稳定的两轮驱动的概念车。这是一个全新的概念,它对了解客户对该概念车的认知和接受程度至关重要。此外,Lit Motors增加CTA来测试客户的真实兴趣。客户可以预先储备250~10 000美元不等的订金来订购车辆。订金储备在一个银行账户上,直到汽车制造完成。订金高的客户,可以优先拿到汽车。

空间原型

在一定的空间里向客户展示产品和服务，观察他们的行为来获取新的洞察力。

邀请潜在客户，包括行业专家，创建他们自己的完美体验，以帮助建立和测试新的概念和想法。

连锁酒店万豪酒店建在其总部的地下室里被称为Underground的原型设计空间。

邀请嘉宾和专家打造未来的酒店，共同创建酒店房间和其他空间的酒店布局。

邀请嘉宾来给酒店房间添加家具、电插座、电子产品等，可以轻松地根据此原型重新配置酒店里他的房间。

小贴士

- 确保你在实际原型和服务体验时增加一个CTA。客户将经常被吸引到原型的设置中，创建完美的体验，而他们在现实生活中不可能愿意为它买单。
- 在你采用真实大小的原型和真实的服务体验之前，要先使用更快和更经济的测试方法。
- 不要让这种类型的原型实验的成本变得不可控制。坚持尽可能多地使用低成本、快速成型的原则，同时提供接近真实生活体验的原型，来测试相关的项目。

登录页面

典型的登录页面MVP是单个网页或简单的网站，介绍你的价值主张或价值主张的某些方面。受邀请者可以执行CTA，以测试一个或多个假设。登录页面MVP的主要目的是了解转化率，即网站访问者执行CTA的比例（比如电子邮件注册、模拟购买）。

"一个登录页面MVP的目标是能够用实验来测试一个或多个假设，而不是收集电子邮件或发送电子邮件，收集的电子邮件只是实验的副产品。"

什么时候？

尽可能在早期测试你的价值主张，关注客户的工作、痛点和收益是否对客户足够重要，重要到要立即采取行动。

变量

结合对比测试，探索客户的喜好或哪种方案更好。用热力图获取客户的点击行为，了解访客在页面上点击哪些位置。

利用价值图的标题，在登录页面上描述你的价值主张的内容。

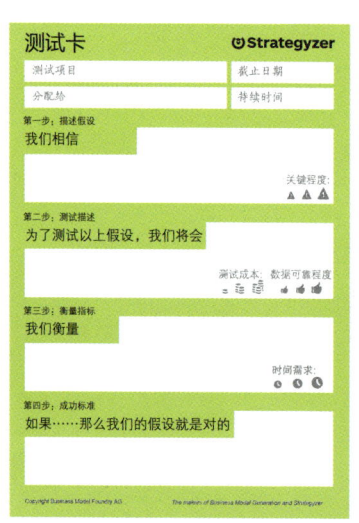

设计你的登录页面、访问流量以及基于学习目标的CTA。

网站流量

通过广告、社交媒体或现有的渠道吸引访问流量登录页面MVP。请确保吸引想进行测试的目标客户，而不是满足所有客户。

标题

使用标题介绍了价值主张。

价值主张

使用前面所述的技术，向潜在的客户清晰、具体地表达你的价值主张。

呼吁行动（CTA）

让网站访问者执行你可以从中获取洞察力的行动（比如电子邮件注册、调查、假购买、预购）。不要设置太多的CTA，最优化获取学习洞察力。

深入理解

联系那些执行你的CTA的人，和他们探讨为什么他们有足够动力执行这些操作。了解他们的工作、痛点和收益。当然，这需要收集CTA的联系人信息。

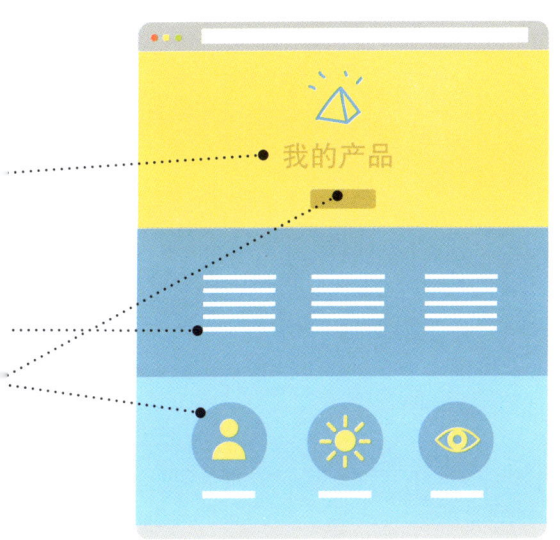

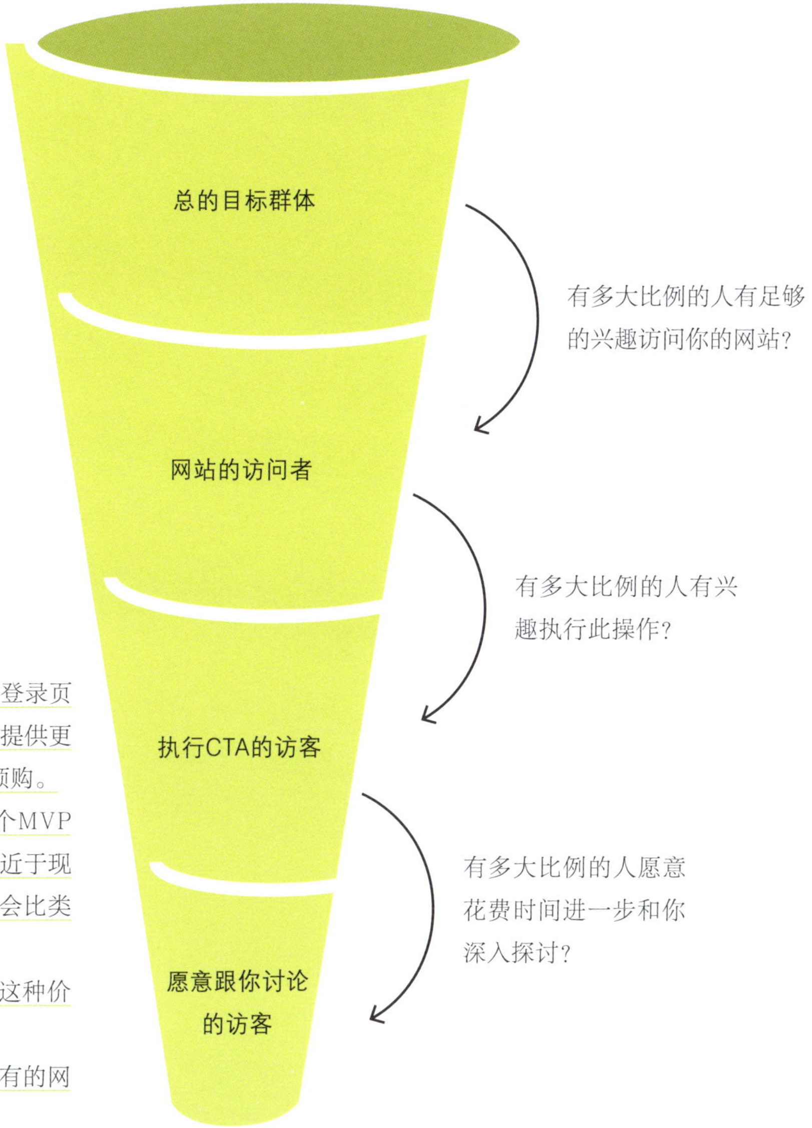

小贴士

- 考虑建立一个给人错觉的，即使还没有价值主张的MVP登录页面。你从CTA更接近现实的（比如模拟销售）洞察力，提供更切合实际的证据，比如电子邮件注册计划的价值主张或预购。
- 即使某种价值主张还没有真实存在，也可以考虑设计一个MVP登录页面介绍展示你的价值主张。你设计的CTA越是接近于现实情况（比如模拟销售），那么你因此获取的洞察力越会比类似电子邮件注册或预购买之类的CTA要更多、更有力。
- 结束实验后需要对你的测试对象保持透明。例如，如果这种价值主张还不存在，请考虑为他们提供参与实验的酬劳。
- 一个MVP登录页面可以设置在一个单独的网页或一个现有的网站中。

总的目标群体

有多大比例的人有足够的兴趣访问你的网站？

网站的访问者

有多大比例的人有兴趣执行此操作？

执行CTA的访客

有多大比例的人愿意花费时间进一步和你深入探讨？

愿意跟你讨论的访客

对比测试

对比测试,也称作A/B测试,是一种比较两个或多个选项性能的技术。在这本书中,我们应用这种技术比较价值主张的替代方案的性能,或了解更多客户关于工作、痛点和收益方面的洞察力。

控制

邀请相同数量的人进行你想要测试的不同选项。

比较每种选项下CTA的执行情况。

挑战

8%

20%

进行对比测试

最常见的对比测试是网页或一个专门设计的登录页面(例如,变量可以是略微不同或完全不同的价值主张)以测试两个或更多变量。这项技术被谷歌和领英广泛使用,以及2008年的奥巴马竞选中也使用了这项技术。我们也可以在现实世界中进行对比测试,以分析某种价值主张下的CTA转化率是否要高于另外一种价值主张下的CFA转化率。

可以测试什么?

这里有一些元素,你可以轻松地进行A/B测试

- 替代功能
- 定价
- 折扣
- 复制文本
- 包装
- 网站变量
- ……

呼吁行动(CTA)

多少目标测试对象执行了CTA?

- 购买
- 电子邮件注册
- 点击按钮
- 调查
- 完成其他任务

关于这本书标题的对比测试

对这本书，我们进行了多次对比实验。

例如，我们从businessmodelgeneration.com定向获取流量来测试三种不同的书名。我们经过为期5周的标题测试，参与人数超过12万人。

测试中有几个CTA。第一个CTA只需点击"了解更多"按钮。然后人们可以注册电子邮件，将来可以收到本书发布的信息。在最后一个CTA，我们要求他们填写一份问卷，意欲了解更多关于他们的工作、痛点和收益的问题。作为小小的奖励，我们展示了有关价值主张画布的视频。

小贴士：
- 如果你想要清楚地确定什么会导致更好的结果，在测试中只设置一个变量。
- 使用多变量测试测试几个变量的组合，找出哪种组合可以产生最大的影响。
- 使用谷歌关键词广告或其他方式吸引测试对象进行测试。
- 确保你达到统计学上大于95%的显著性。
- 使用例如谷歌网页优化工具，或其他工具轻松地执行对比测试。

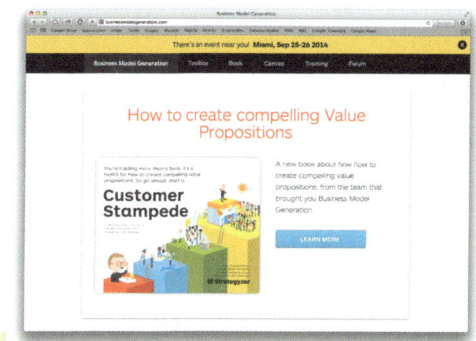

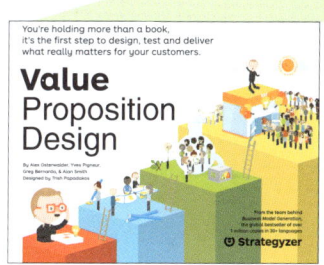  

转化率： 8.51%　　　　6.61%　　　　8.21%

创新游戏®

创新游戏是由卢克霍曼设计的一种方法论,通过与你的(潜在)客户协作,用以帮助你更好地设计价值主张。这种创新游戏,可以在网上实现或是以面对面的方式实现。我们将介绍三种创新游戏。

我们列出了三项具体任务,并使用创新游戏来帮助我们确定价值主张画布和相关的假设。

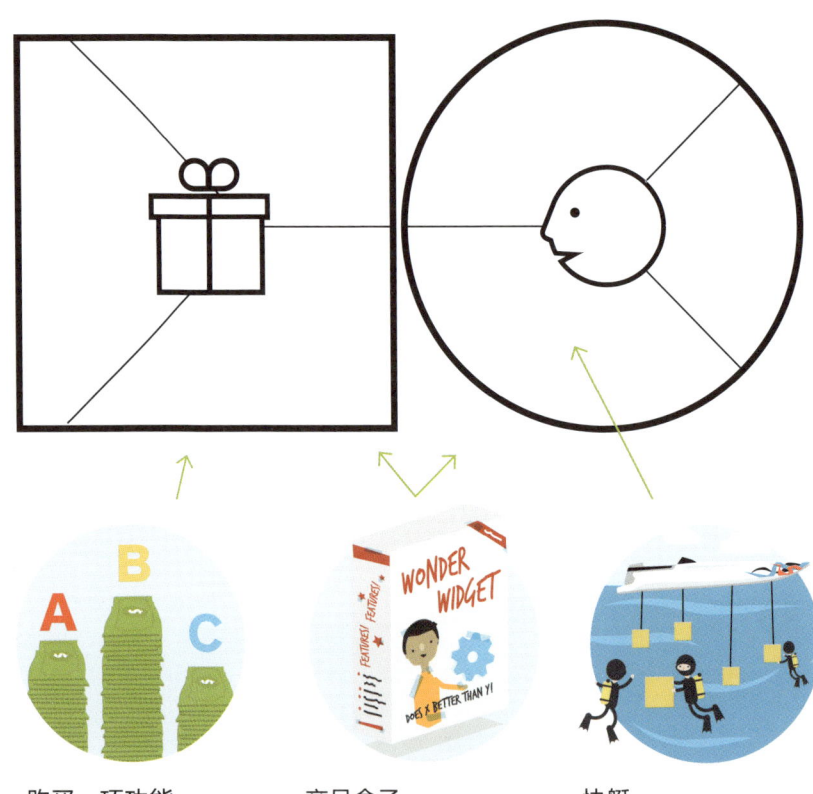

购买一项功能

任务:根据对客户的重要性,对产品功能进行排序。

产品盒子

任务:了解客户的工作、痛点、收益和他们想要的价值主张。

快艇

任务:识别让客户最痛的痛点,使得他们无法完成他们要做的工作。

Hohmann, Innovation Games, 2006.

快艇

这是一个简单但功能强大的游戏,以帮助你测试你对客户难题的理解程度。让你的客户明确表述是哪些问题、障碍和风险阻碍了他们成功完成他们的工作。这里用快艇的锚来比喻客户遇到的问题、障碍和风险。

1

准备

准备一个大的海报与一艘在海上漂浮的快艇。

2

识别客户痛点

邀请客户去识别阻碍他们顺利完成工作的问题、障碍和风险。每个问题应该写在一个大的便笺上。请他们将每一个便签纸船像放置锚一样——锚点越低,痛点就越大。

3

分析

与你以前的理解进行比较,看到底是什么因素阻碍客户更好地完成他们的工作。

小贴士:
- 这个练习可用于在设计阶段确定客户问题或在测试过程中测试你现有的理解。
- 如果你想要同时了解客户的痛点和收益,使用一艘有锚点的快艇。除了使用船锚——象征什么在阻碍你的客户,容许你提问,"是什么让船的速度更快?"

产品盒子

在这个游戏中,你需要请客户设计产品包装盒,通过包装盒以展现他们希望获取什么样的价值主张。你将从此过程中了解到客户关心的事情以及是什么功能令他们感到兴奋并产生购买欲。

1

设计

邀请客户参加一次研讨会。

给他们一个纸板箱,请他们设计一个他们会购买的产品包装盒。包装盒应体现他们期望从你的价值主张中获取的市场营销信息、主要产品功能和关键的价值。

2

抛球

邀请客户想象他们正在一个展览会上销售你的产品。

假装你对该产品持怀疑态度,请你的客户把该产品推介给你。

3

捕获

观察并注意客户提到产品包装盒上的哪些信息、功能和价值,特别留意客户在推介产品时强调的方面,从而找出他们关注的工作、痛点和收益。

购买一项功能

这是一个复杂的游戏，能够使客户通过预定义的（但不是现有的）价值主张功能列表而排列优先次序。客户可以获得有限的游戏预算购买他们所喜爱的功能，你的价格基于现实世界中的因素。

产品功能	价格	(35美元)	(35美元)	(35美元)	差价	是否购买?
⭐	35美元	20	0	10	-5	否
🌱	50美元	5	0	0	-45	否
⚙️	70美元	10	35	25	0	是

1
选择功能和确定价格

选择你所想测试客户喜好的产品功能。功能定价：每一种功能的定价基于开发成本、市场价格或其他对你很重要的因素。

2
确定预算

参与者作为一个群体购买产品功能，每个参与者都有一笔可以自行决定如何分配的预算。请确保个人预算能够使得参与者汇集资源做决策，并且设定所有参与者的总预算使得他们不得不在想要的功能里做出艰难的选择。

3
促使参与者确定购买

邀请参与者在他们想要的功能中分配其预算，帮助他们与他人进行协作以获得更多的功能。

4
分析结果

分析哪些功能获得大多数的关注和购买，以及哪些功能没有获得。

模拟销售

有一种方式可以用来测试真诚的客户购买兴趣,那就是建立一种模拟销售情境,即使此时有可能你的价值主张还没有完全确定。其目标是让你的顾客相信他们正在完成真正的购买。这很容易在在线的情形下完成,但也可以在一个实际环境中完成。

在线

通过这三个实验来测试不同层次的客户承诺购买力:

通过测量有多少人点击了一个简单的"现在购买"按钮来了解客户的兴趣。

现在购买500美元

了解定价如何影响顾客的购买兴趣。结合A/B测试(见第230页)了解更多关于需求弹性以及最优的价格点。

现在购买500美元

通过请客户提供信用卡信息来模拟交易以获取有用的数据。这是客户需求的最有力的证据(见第237页小贴士)。

输入信用卡号:

 输入信用卡号码

现在购买500美元

现实世界

模拟销售并不仅限于在线模拟。以下是在现实世界中,零售商如何测试客户的兴趣和价格:

在为数有限的(邮购)目录中介绍不存在的产品。

只在有限的时间内在某一个零售点销售某种产品(不同于试验销售,试验销售通常涵盖在整个市场铺开销售)。

预售

小贴士：

不要担心模拟销售可能会疏远客户或对你的品牌产生负面影响。管理好顾客认知和模拟销售可以转化为优势。可以参考以下这些最佳实践：

- 在客户完成模拟购买之后，向客户说明你在做一个测试。
- 向客户解释清楚，你将保留或删除哪些信息。
- 在一个虚拟购物过程中，总是删除信用卡信息。
- 提供激励措施邀请顾客来参加测试（如糖果、折扣）。如果你管理好顾客认知，那么你将能把测试对象变成你品牌的拥护者，而不是被他们疏远。

注意：

请记住成功的预售只是其中一个指标。欧雅（Ouya），一个基于安卓系统的视频游戏主机厂商，在Kickstarter[1]上获取了百万计预售销售额，但后来却未能吸引更大量的客户群，并未能设计一个可扩展的商业模式。

这种类型的预售的主要目的是探索客户的兴趣，并不是真实销售。客户做出购买承诺，并且意识到你的价值主张尚不完全存在这一事实。如果客户缺乏足够的购买兴趣，产品销售则会被取消，并需要对客户做出补偿。

在线

Kickstarter平台使预售非常便捷并广受欢迎。它允许你做项目的广告，并且如果顾客喜欢它，他们可以承诺进行投资。但只有达到Kickstarter预先设定的筹资目标时，他们才会给项目提供资金。如果你可以准备好所需的基础设施，你也可以在自己的平台上进行预售。

现实世界

承诺、意向书和签名，即使没有法律约束力，也是一项用来测试潜在客户购买原因的强大的技术。这种方法也可以应用于B2B领域。

---

[1] Kickstarter于2009年4月在美国纽约成立，是一个专为具有创意方案的企业筹资的众筹网站平台。——译者注

3.4 汇集所有片段

测试过程

使用所有你学到的工具，包含确定你需要测试的内容和如何进行测试的工具，把你的想法变成现实。

要测试什么？

使用价值主张与商业模式画布，展现出你为什么相信你的创意可以成功。价值主张和商业模式画布作为基础使你可以明确，要成功实现你的创意，哪些假设必须被测试为真。设计一系列的实验，从重要的假设开始测试。

如何测试？

使用测试卡，你可以描述你将如何测试最重要的假设以及测试衡量标准。经过一个或多个实验，你可以使用学习卡捕获你的洞察力，明确你是否需要了解更多并进行循环测试或开始着手测试下一个重要的假设。

如何进行下一步？

时刻关注进展情况，并确保你在逐步前进。跟踪你的创意是否正在不断朝着一个可盈利的商业模式的方向演进，确保演进中的创意能够解决客户的问题，提供符合市场需求的产品并确保盈利。

评估进展情况

实验测试过程使得你不断减少不确定性，并让你的想法逐渐变成一项真正的业务。以此为目标评估进展情况，跟踪你进行的活动和取得的成果。基于史蒂芬·布兰克的投资就绪水平量表，我们设计了这个部分，让你了解进度情况。

下载进展指示卡

设计理念

客户假设经过测试
问题–解决方案的匹配

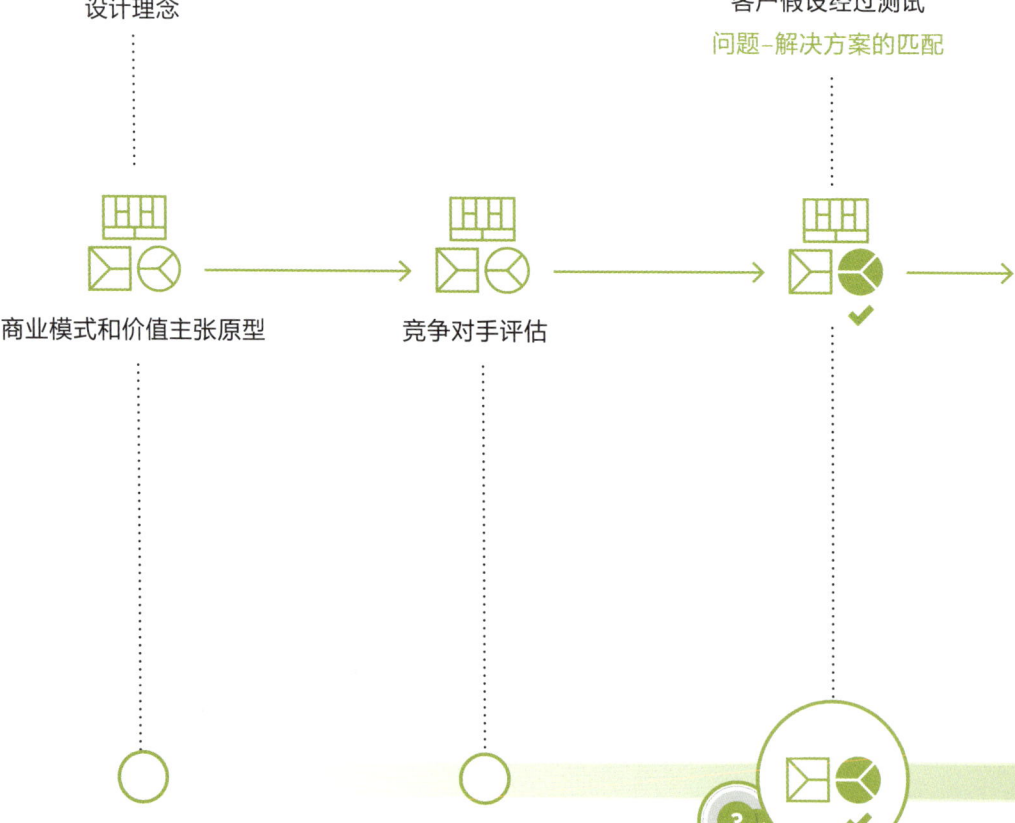

商业模式和价值主张原型　　竞争对手评估

明确目标客户

Blank, Investment Readiness Thermometer, 2013, http://steveblank.com/2013/11/25/its-time-to-play-moneyball-the-investment-readiness-level/.

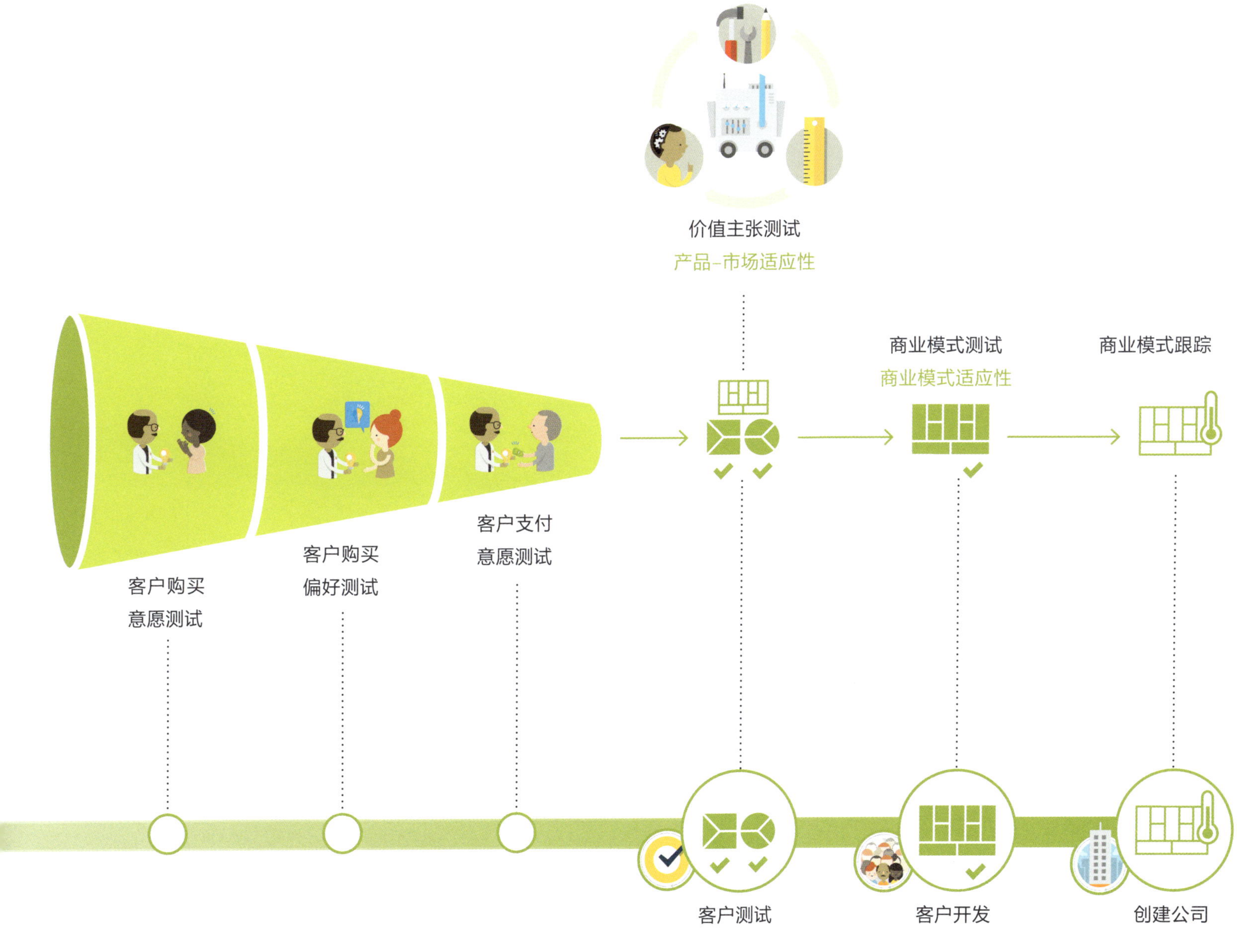

价值主张测试

产品–市场适应性

商业模式测试

商业模式适应性

商业模式跟踪

客户购买
意愿测试

客户购买
偏好测试

客户支付
意愿测试

客户测试

客户开发

创建公司

进度板

使用进度板管理、监控你的测试,并且评估你正在走向成功的具体进展情况。

获得进度板海报

我已经测试了什么?

使用价值主张和商业模式画布来跟踪哪些元素已经被测试,哪些被测试成功或失败了。

我正在测试什么和我学到了什么?

跟踪那些你计划进行的测试、正在进行的测试、正在评估的测试以及正在消化获取学习洞察力的测试,并确定需要采取的后续行动。

我取得了多大的进展?

持续跟踪你取得的进展。

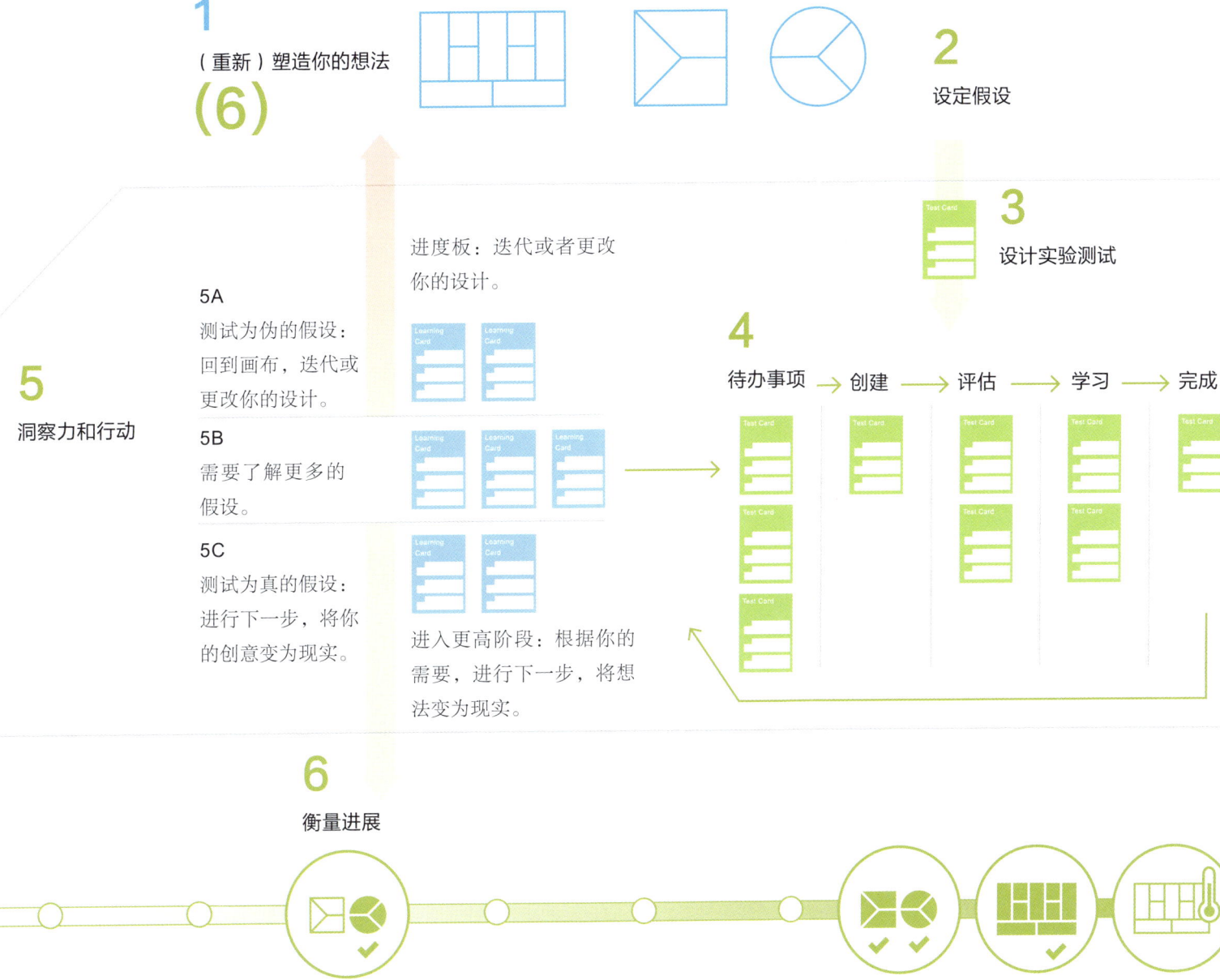

Owlet：不断发展中的系统性设计与测试

无线监测婴儿的血液氧含量、心率和睡眠数据。⊖

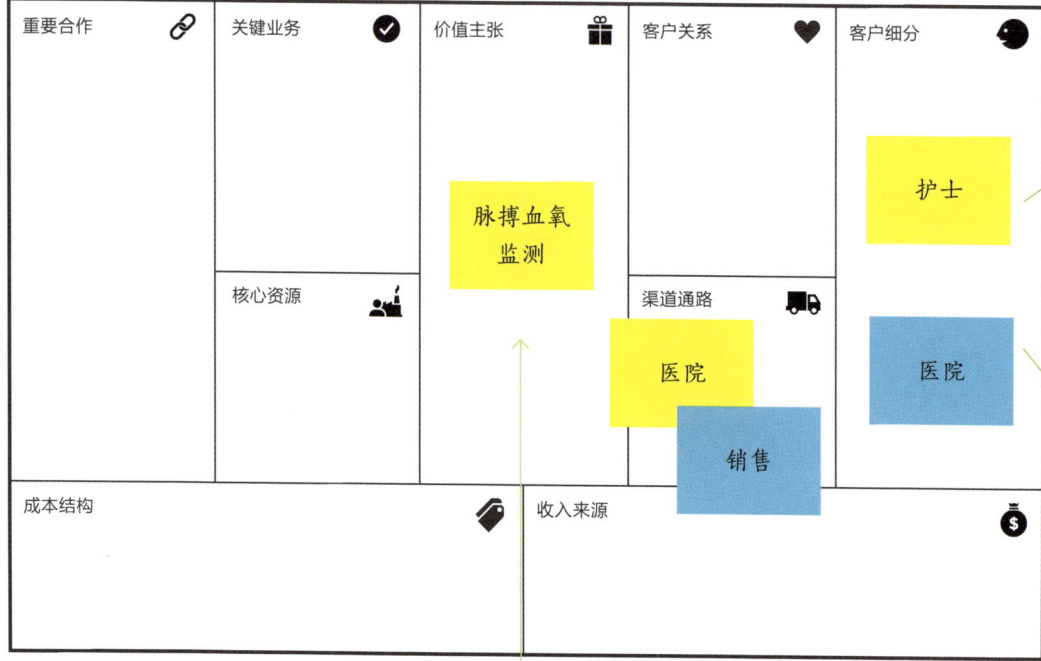

Owlet商业模式：第0版

| 重要合作 | 关键业务 | 价值主张 | 客户关系 | 客户细分 |

脉搏血氧监测

护士

核心资源 / 渠道通路

医院 / 医院

销售

成本结构 / 收入来源

1
最初的想法
机会

研制没有设备和显示器之间的连接线的脉搏血氧监测仪。

在线观看Owlet的演示

⊖ Case adopted in accordance with Owlet. Owlet was the winner of the 2013 International Business Model Competition.

测试1A：护士访谈

假设：无线脉搏血氧仪更加方便。

衡量指标：赞同人数所占的百分比。

测试：护士访谈。

数据：58名护士接受采访，93%喜欢无线监控。

测试为真：1周，0美元

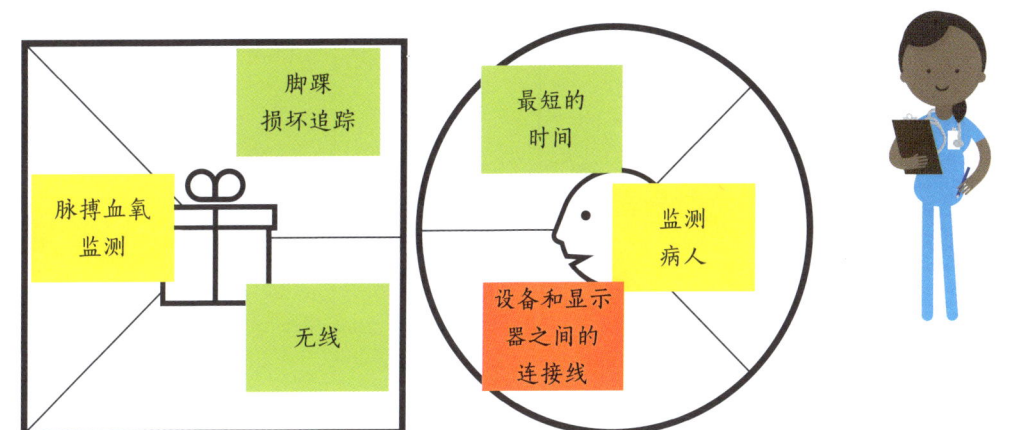

测试1B：医院管理员访谈

假设：无线脉搏血氧仪更加方便。

衡量指标：赞同的百分比。

测试：采访医院管理员。

数据：0%准备支付更高的价格采购无线仪器，"如果没有价格优势，易用性本身不是一个急需解决的问题。"

测试为伪：1周，0美元

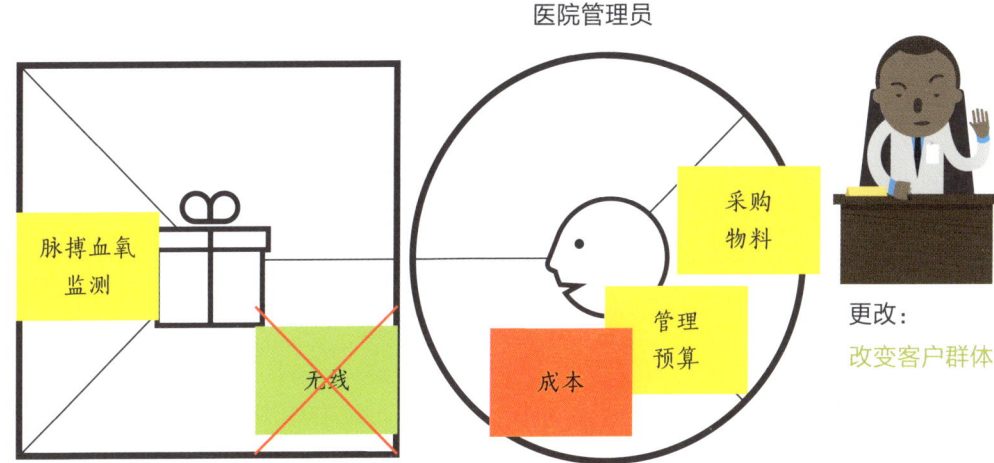

更改：
改变客户群体

价值主张设计 / 测试 / 3.4

数据：婴儿猝死综合征（SIDS）是婴儿死亡的主要原因。

一周后进行的第一个更改

更改：
目标客户从护士、医院到忧心忡忡的家长。

owlet商业模式：第2版

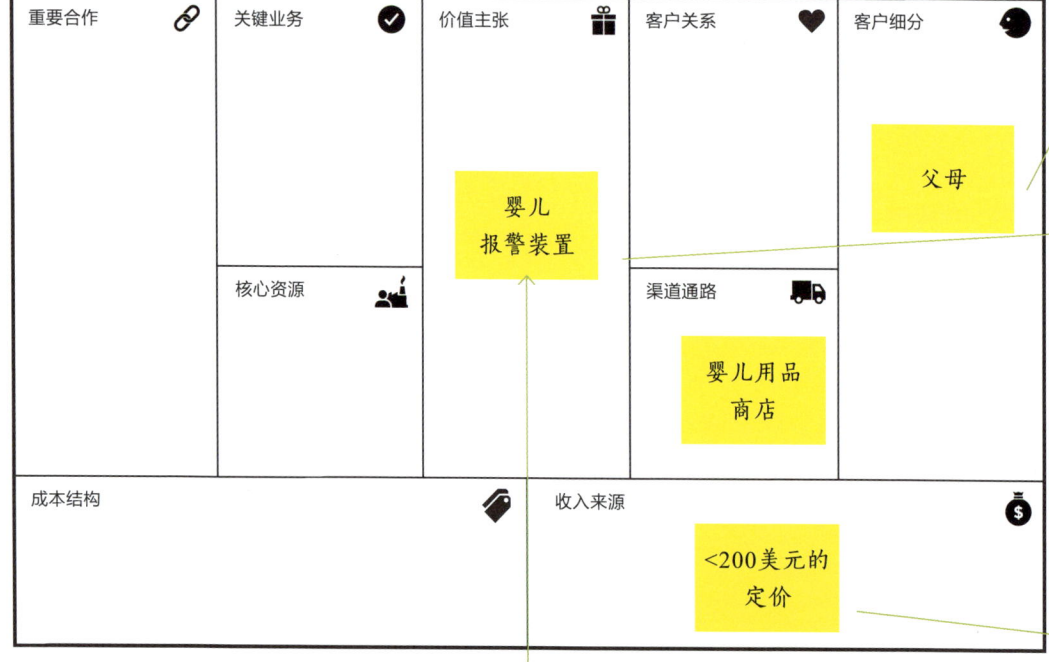

重要合作	关键业务	价值主张	客户关系	客户细分
		婴儿报警装置		父母
	核心资源		渠道通路	
			婴儿用品商店	
成本结构			收入来源	
			<200美元的定价	

2
迭代

父母心灵的宁静

　　无线监视器收集婴儿的心率、氧含量和睡眠数据，并通过蓝牙将它们发送到他们父母的智能手机上；通过婴儿商店进行销售。

测试2：父母访谈

假设：父母准备购买无线婴儿报警装置。

衡量指标：准备购买人数所占的百分比。

测试：访谈母亲。

数据：105个母亲接受采访，96%采用无线监控。"这真是太好了。我现在就想买！"

测试为真

测试3：最小化可行产品登录页面

假设：智能毛线鞋很方便，并且容易作为监测载体使用。

衡量指标：赞同此假设的积极评论。

测试：最小化可行产品、网站上的视频。

数据：17 000条评论，5500次脸谱分享，来自父母、分销商和研究机构的500条正面评论。

测试为真：2周，220美元

测试 4：A/B价格测试

假设：租赁vs.以200美元+的售价进行销售。

衡量指标：每种价格的百分比。

测试：A/B测试、3个回合，在网上进行。

数据：1170人进行测试，最高售价为299美元。

测试为真：8周，30美元

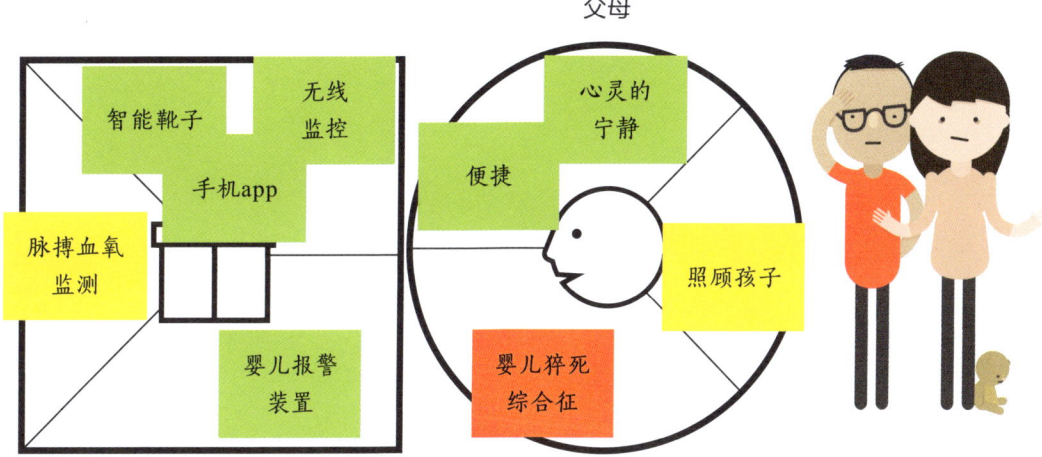

似乎是一个有前途的业务，但……

250

价值主张设计 / 测试 / 3.4

所有测试历经24周，花费1150美元，包括测试技术的可行性。

精益运营

根据专家经验估计，美国食品药品管理局（FDA）⊖从测试到放行婴儿报警装置大概需要1年时间，预计费用12万～20万美元。

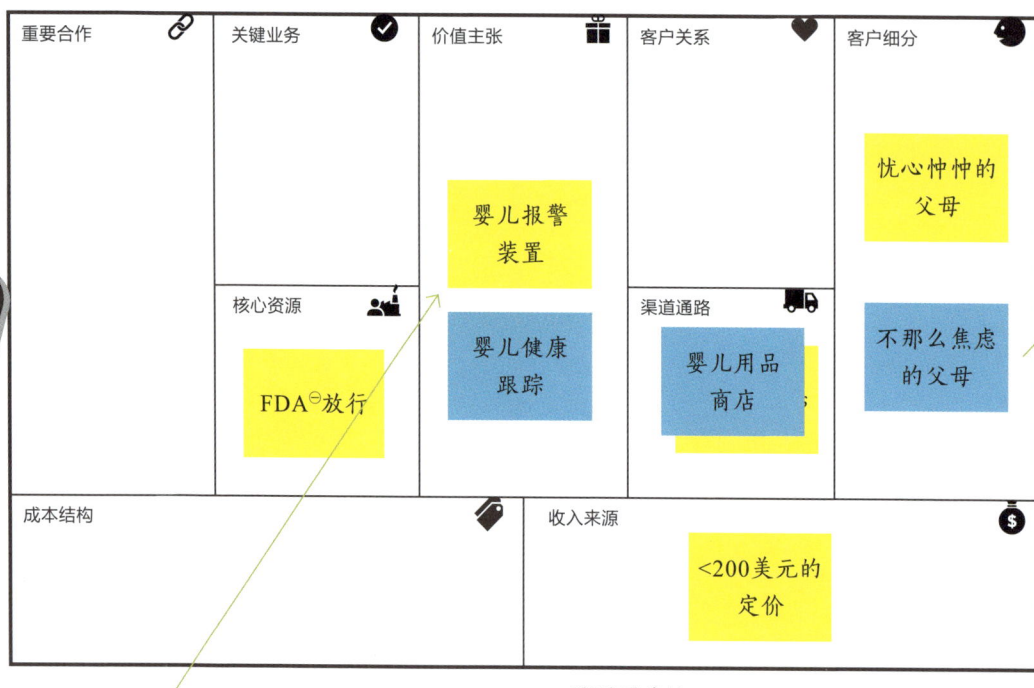

Owlet商业模式：第3版

重要合作	关键业务	价值主张	客户关系	客户细分
		婴儿报警装置		忧心忡忡的父母
	核心资源	婴儿健康跟踪	渠道通路	不那么焦虑的父母
	FDA⊖放行		婴儿用品商店	

成本结构	收入来源
	<200美元的定价

需要再确认……

3

迭代

寻求心态宁静，但不那么焦虑的父母

有一种体积更小、风险较低的产品——婴儿健康跟踪器（心率、氧含量和睡眠数据），但没有报警追踪器，针对另一层次的客户——寻求心态宁静，但不那么焦虑的父母。

⊖ FDA是美国食品药品监督管理局（Food and Drug Administration）的简称。美国FDA是国际医疗审核权威机构，由美国国会即联邦政府授权，专门从事食品与药品管理的最高执法机关。——译者注

测试5：面试/定位："Owlet挑战赛"

假设：不那么焦虑的父母准备采用和购买无线婴儿
健康追踪器，但无报警追踪器。

衡量标准：父母采用无报警追踪器的百分比。

测试：在零售地点终端进行采访，请受访者在Owlet跟踪器和其他类似的系统（视频、声音和运动）之间进行选择。

数据：接受采访的81人中，有20%选择Owlet跟踪器。

测试为真：3周，0美元

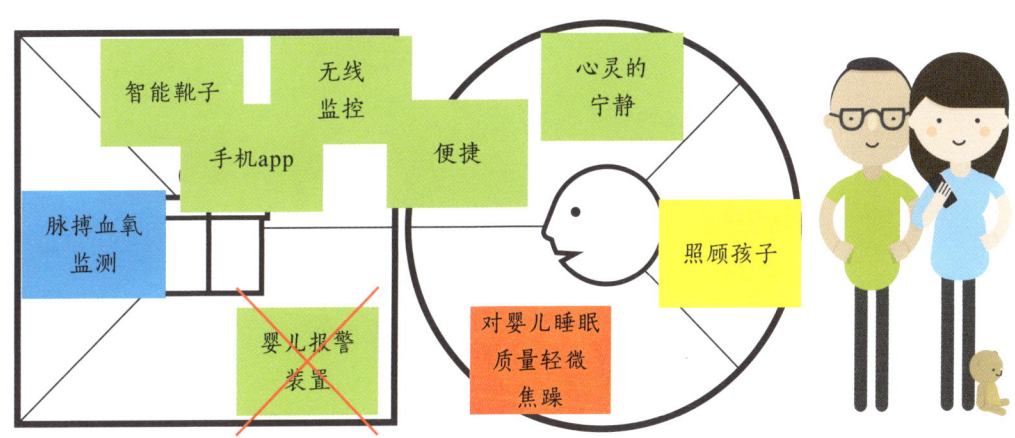

很少忧虑的父母

Owlet决定先发布婴儿健康跟踪器，在FDA放行之后，再发布婴儿报警器。

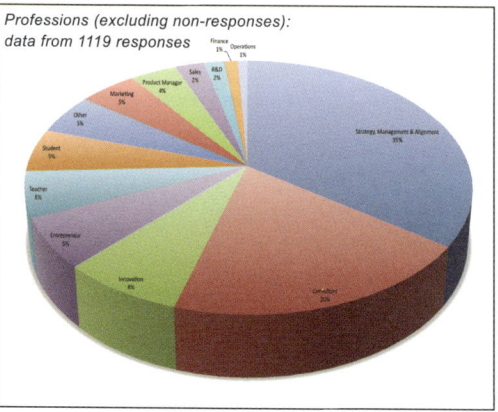

经验教训

一步一步测试

你的客户是价值主张的评审者和实施者,所以走出办公室,使用精益创业流程和客户开发过程测试你的各种假设。在不确定性程度非常高时,请确保从快速和廉价的实验开始测试你的各个假设。

实验库

客户所说的话可能会与他们在现实生活中所做的事情完全不同。不要仅仅停留在客户访谈层面,而要进行一系列实验。让客户采取行动以产生他们感兴趣、对价值主张的偏好以及愿意支付购买的证据。

汇集所有片断

如果没有测试就启动你的创意,这将是一厢情愿的想法。如果仅仅进行测试而最终不启动你的创意,这更仅仅只是一种消遣。进行测试并最终启动你的创意可以改变你的生活,使你成为一名企业家。不断衡量你的进展,将创意逐步变成实际业务。

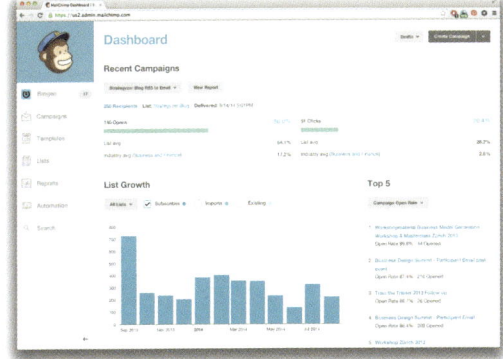

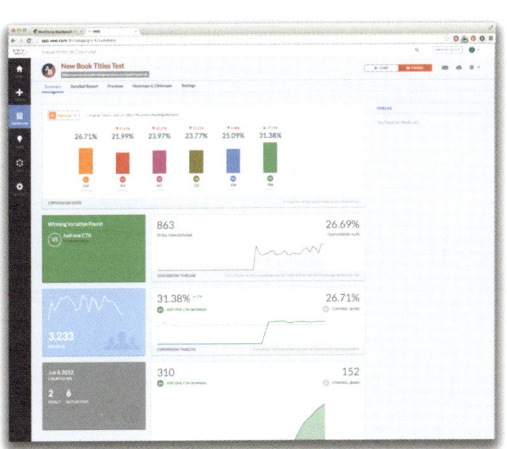

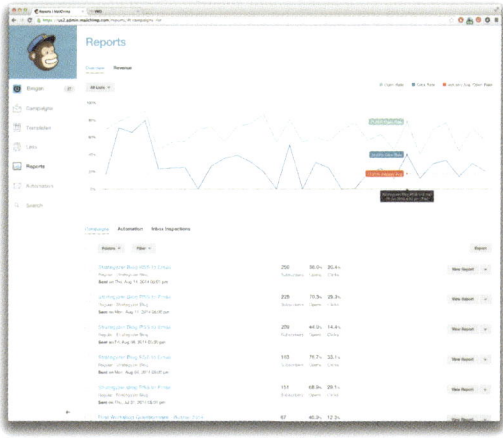

发

在创意不断演进的过程中，使用价值主张和商业模式画布作为共同的语言，在整个组织内达成一致意见（第260页）。请确保你持续地衡量和监测（第262页）进展以不断改进（第264页）自己的价值主张和商业模式、不断重塑自我（第266页）。

达成一致意见

价值主张画布是帮助你在组织内达成一致意见的有效工具。它可以帮助你向不同利益相关者展示客户的工作、痛点和收益,并解释你的产品和服务究竟是如何帮助客户解决痛点并且创造收益的。

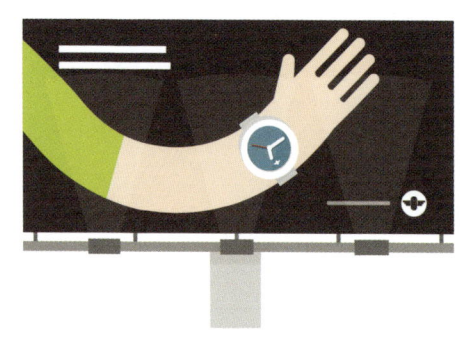
广告

包装

幻灯片

解说视频

销售脚本

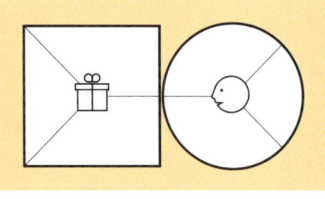
达成一致意见

与内部和外部利益相关者达成一致

市场营销
基于客户的工作、痛点和收益,精心制作市场营销信息,明确你的产品和服务如何帮助客户解决他们工作中的痛点并带来收益。确保面向客户的信息保持一致,从产品广告到包装设计。指出你的价值主张聚焦在哪些痛点和收益上。

(渠道)合作伙伴
尽早使得(渠道)伙伴认可你的价值主张。通过介绍客户的痛点和收益,帮助他们理解为什么客户会喜欢你们的产品和服务。

员工
帮助所有员工都了解谁是目标客户,以及你的价值主张正在解决哪些工作、痛点和收益,并概述你的产品和服务究竟是如何帮助客户创造价值的。解释价值主张是如何契合商业模式的。

销售
帮助销售人员了解市场细分、目标客户以及客户的工作、痛点和收益。突显你的价值主张中哪些属性可以帮助客户减轻痛点和创造收益。准备产品介绍幻灯片和销售脚本。

股东
向股东解释到底是如何为你的客户创造价值的。说明(全新的或改进的)价值主张是如何支持你的商业模式以及如何创造竞争优势的。

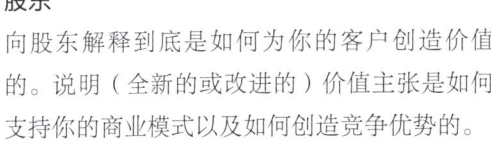

衡量和监测

一旦你的价值主张是在市场上运作，你就要使用价值主张和商业模式画布创建和跟踪各项进展指标。追踪你的商业模式、价值主张和客户的满意度。

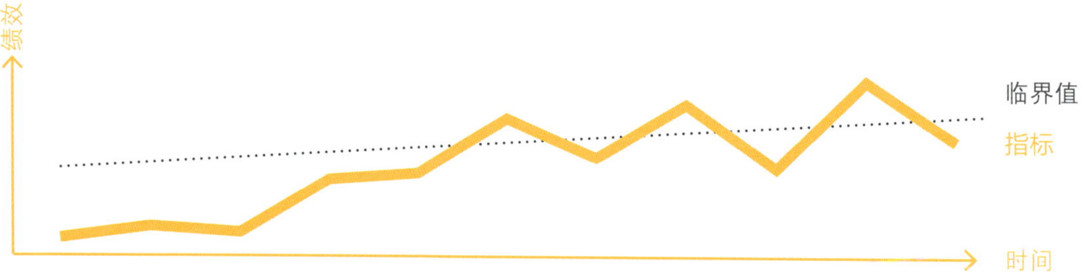

商业模式绩效

价值主张绩效
（定量事实）

客户满意度
（认知）

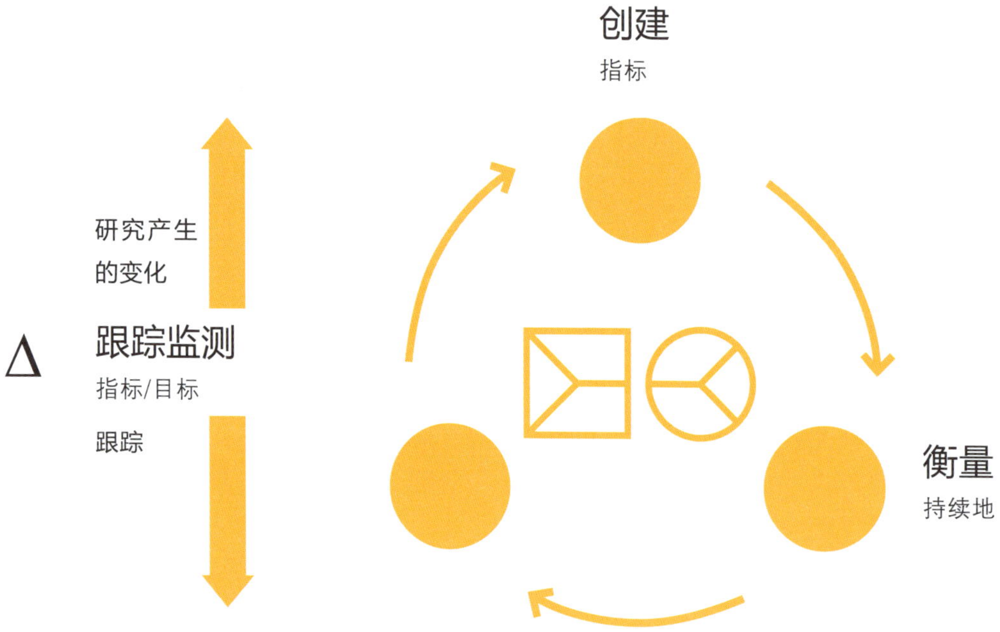

研究产生的变化

跟踪监测
指标/目标
跟踪

Δ

创建
指标

衡量
持续地

绩效

临界值

指标

时间

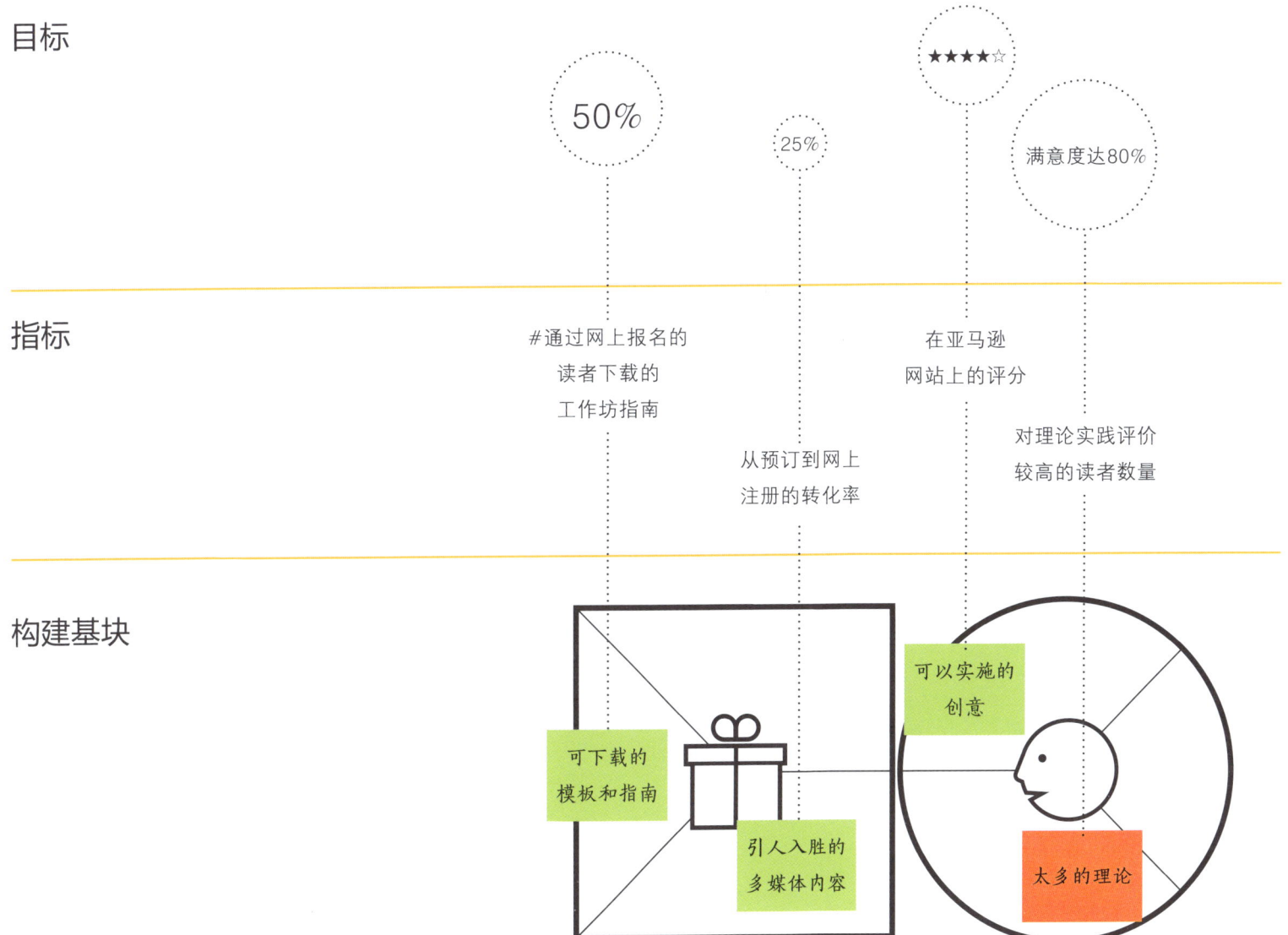

不断改进

价值命题绩效
（定量事实）

客户满意度
（认知）

5C
测试为伪
不影响客户满意度

5A
不确定
测试更多

学习卡

创建

测试卡

5B
测试为真
提高客户满意度

学习

衡量
衡量影响顾客满意度的因果效应

在价值主张发布以后，使用相同的工具和流程来测试和监控，以不断改善你的价值主张。持续测试"如果……这样……"的改进方案，并衡量其对顾客满意度的影响。

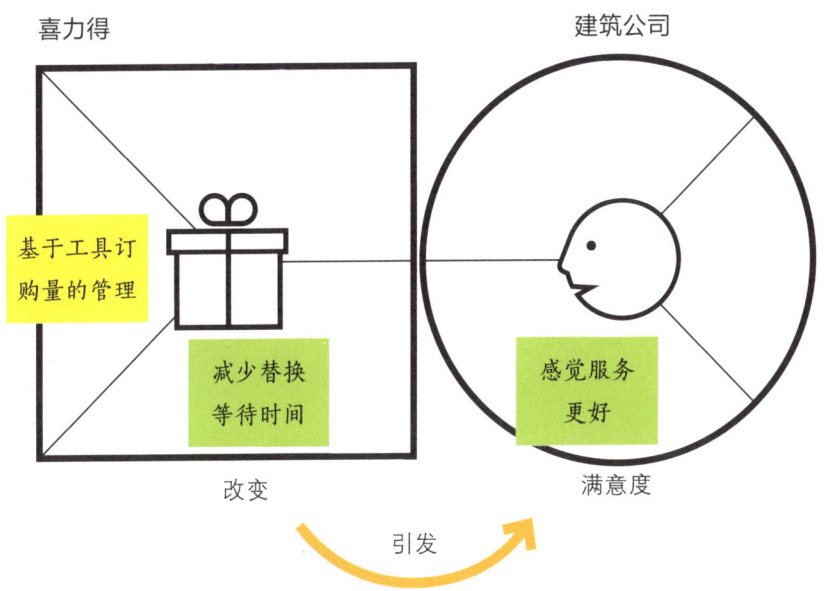
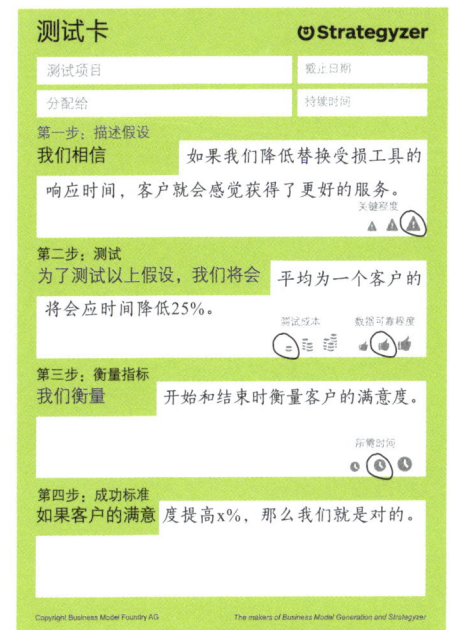

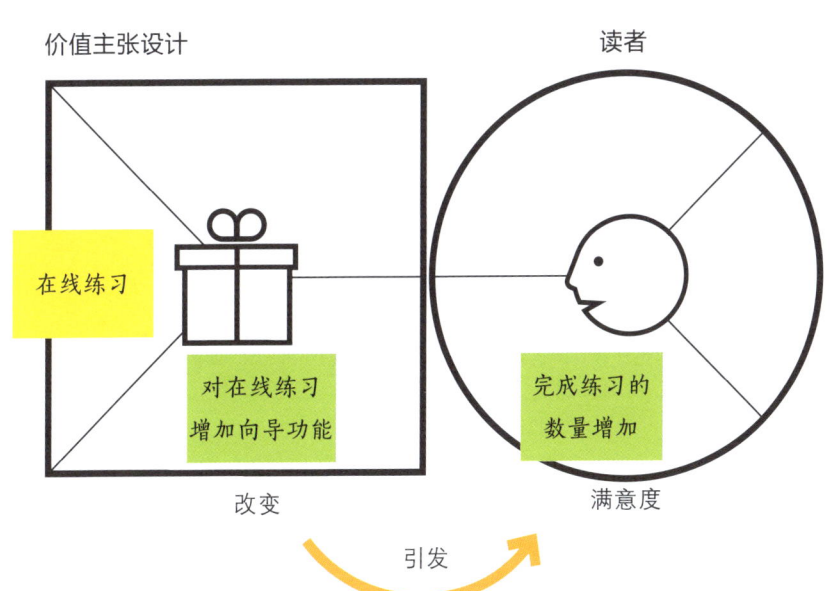
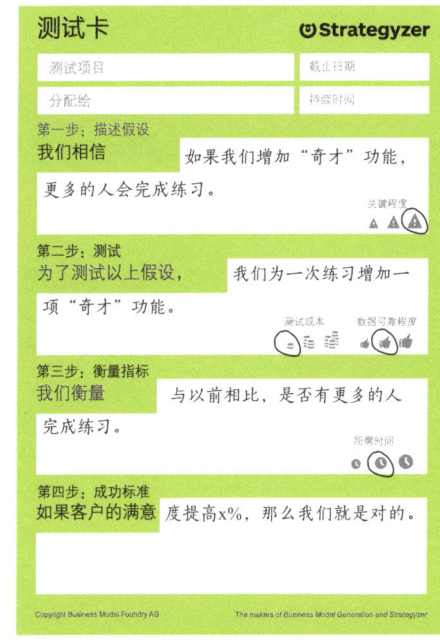

不断重塑自我

成功的公司一般会创建能够嵌入商业模式中的价值主张。卓越的企业持续创建新的价值主张和商业模式。它们是成功的，因为它们创造新的价值主张和商业模式。

今天的企业家必须灵活运用哥伦比亚商学院教授丽塔·麦格拉思（Rita McGrath）在她的书《最终的竞争优势》里所称的瞬态优势。她认为公司必须发展迅速，并且具有不断创造新机会的能力，而不是寻找越来越难以为继的长期竞争优势的能力。

使用价值主张设计里的工具和流程，不断重塑自我，创造新的价值主张，嵌入伟大的商业模式中。

当你建立瞬态优势时，要记住以下五件事：

- 像认真执行现有的价值主张和商业模式一样，持续探索新的价值主张和商业模式。

- 不断尝试新的价值主张和商业模式，而不是赌在不确定性很大的投资上。

- 即使在你很成功的时候，也要重塑自我；不要等着危机发生后不得已而为之。

- 让新创意和机会变成一种激励员工和客户的方式，而不是一种高风险的尝试。

- 把客户实验作为评判创意和机会的唯一标准，而不是管理层、战略家或专家的意志。

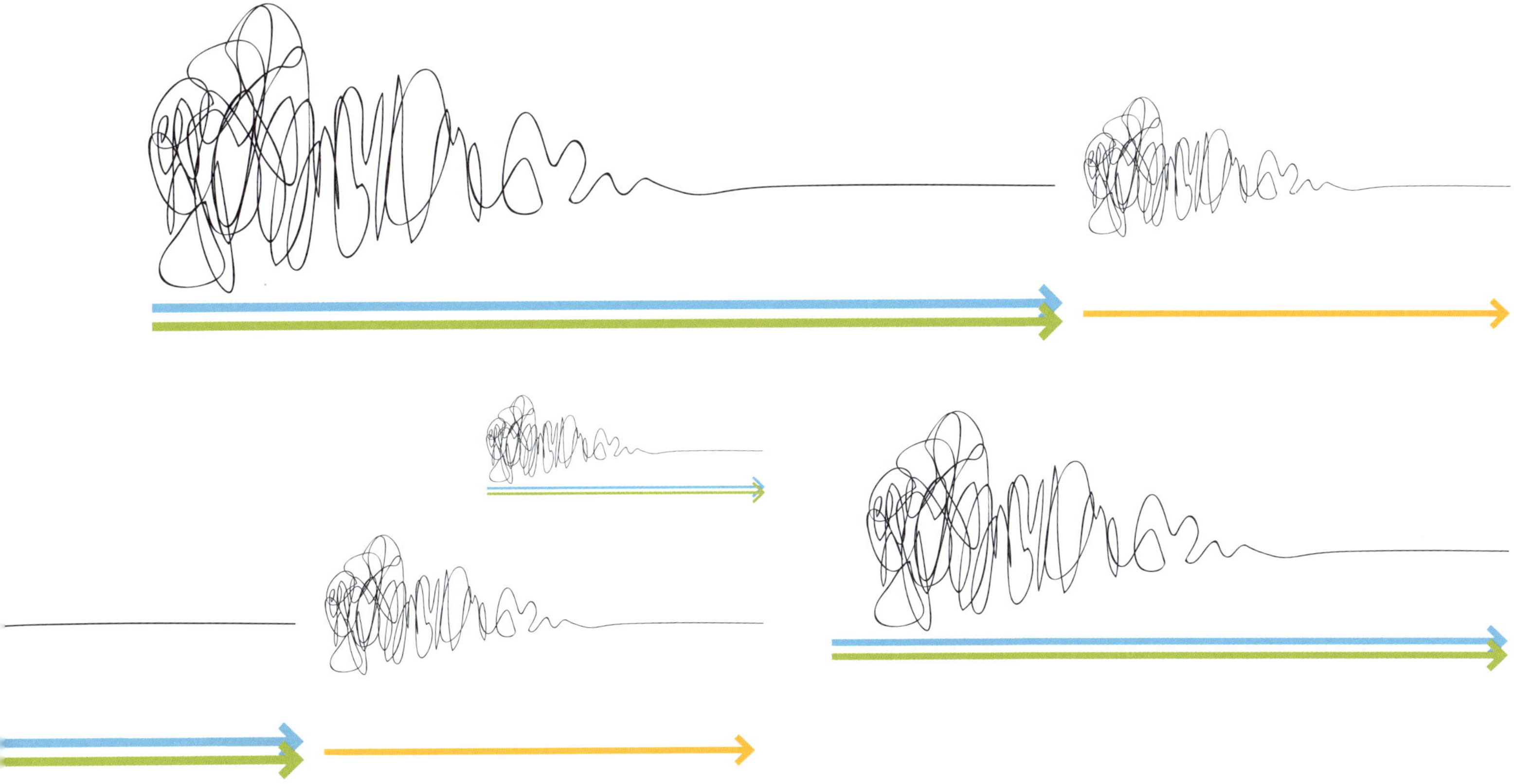

不断问你
自己……

在你所处的环境中，什么元素正在改变？市场、技术、法规、宏观经济或竞争对手的变化对你的价值主张和商业模式意味着什么？这些变化为你提供了一个探索新的可能性的契机吗？抑或这些变化可能成为一种威胁吗？

你的商业模式过时了吗？你需要增添新的资源或活动吗？现有的商业模式可以扩展吗？现有的商业模式可以被改进吗？抑或你应该建立一个全新的商业模式吗？你的商业模式组合符合未来的趋势吗？

今天的企业家必须灵活运用哥伦比亚商学院教授丽塔·麦格拉思在她的书《最终的竞争优势》里所称的瞬态优势。她认为公司必须发展迅速，并且具有不断创造新机会的能力，而不是寻找越来越难以为继的长期竞争优势的能力。

淘宝：重塑电子商务

淘宝是中国电子商务的一种独特现象，是阿里巴巴集团的一部分。它成功地在互联网商务活动爆发的背景下，创造了一个值得信任的互联网交易生态系统。在10年里，其商业模式演进了3次。它主动接受在其平台上和在更广泛的中国经济中发生的变化，并把它们变成了又一次新的机会。

在线查阅淘宝的完整案例

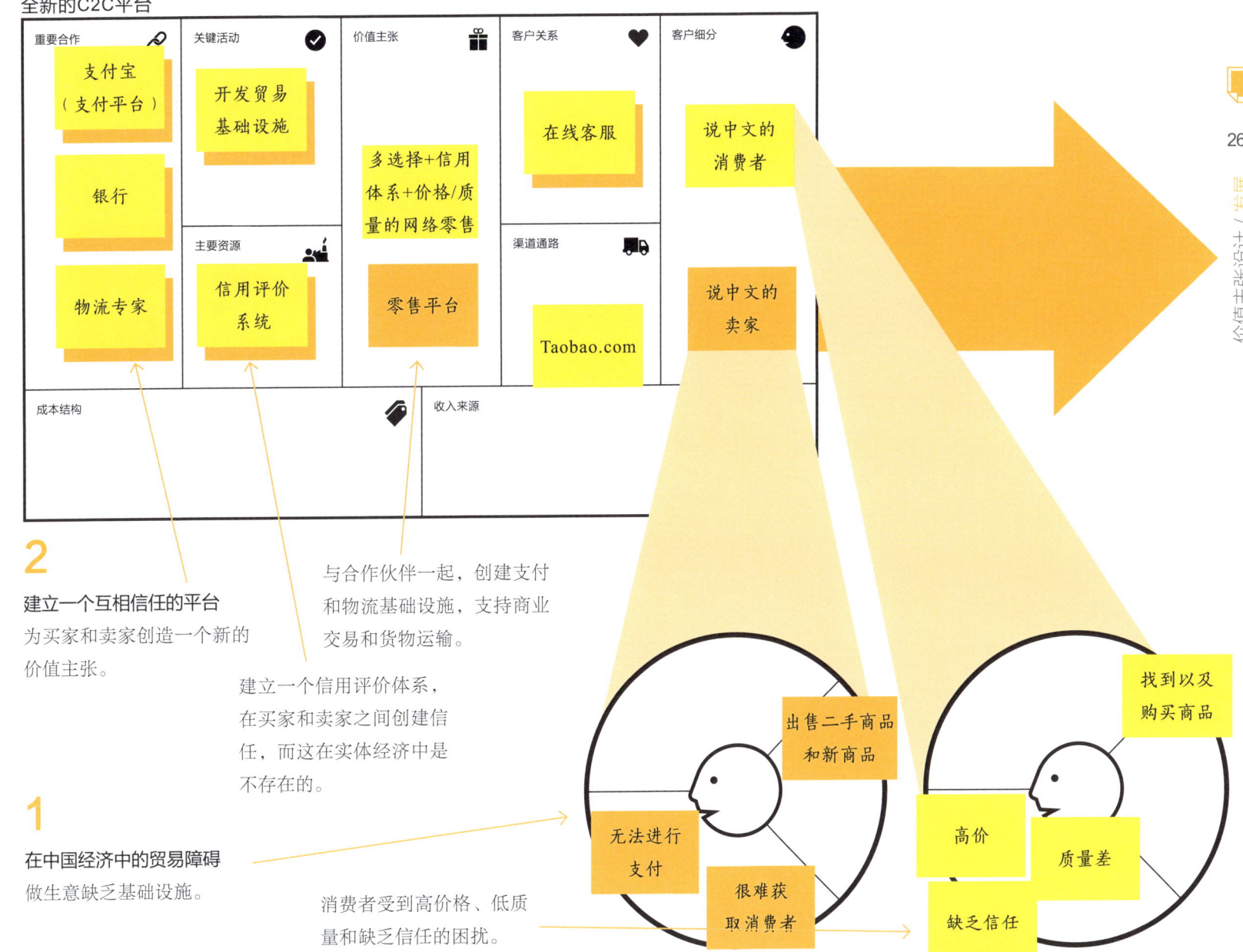

2006
淘宝——小企业到消费者 (B2C)

价值主张设计 / 发展

关键合作	关键业务	价值主张	客户关系	客户细分
支付宝（支付平台）	帮助业务成功	多选择+信用体系+价格/质量的网络零售	在线客服	说中文的消费者
银行	开发贸易基础设施		培训与授权	小微企业
物流专家	核心资源		渠道通路	~~说中文的卖家~~
装置+时尚模特	双向评价体系	增长业务	Taobao.com	

成本结构	收入来源
	高级店铺功能溢价 广告

2 重心转向微型企业家
淘宝转移焦点，并迎合微型企业家的这种趋势。

1 微型企业家的诞生
淘宝平台变得如此受欢迎，数以百万计的卖家看到成为微型企业家的机会。

纳入第三方服务提供商以加强价值主张。

创建淘宝大学，以帮助企业家使用这个平台并学习如何做生意。

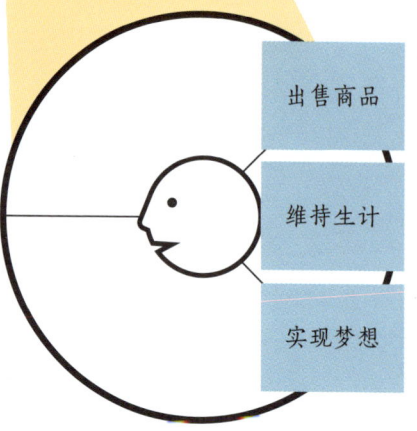

出售商品

维持生计

实现梦想

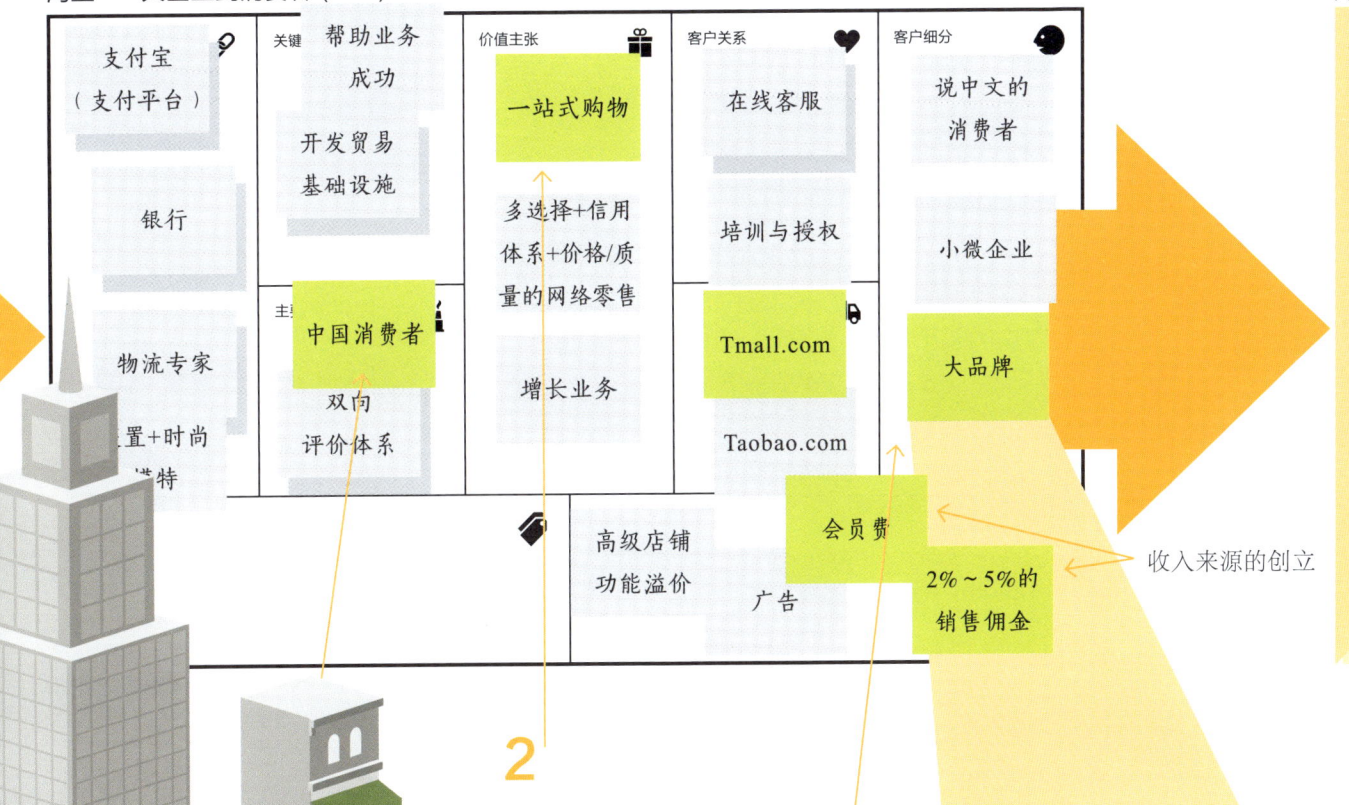

吸取的经验教训

达成一致意见

价值主张和商业模式的画布是一种帮助达成一致意见的有效工具。使用价值主张和商业模式画布作为共同的语言，在整个组织内达成一致意见。帮助每个利益相关者明白你是如何为你的客户和你的企业创造价值的。

衡量、监测、改善

追踪你的价值主张的表现，虽然市场情况发生变化，但是要确保你继续创造客户价值。

使用在价值主张设计阶段相同的工具和流程来改善你的价值主张。

居安思危

不要坐等重塑你的价值主张和商业模式。在市场环境变化迫使你去这么做之前就开始重塑，因为等市场环境变化时你再采取行动可能就太晚了。创建一种有效的组织结构，使你可以在改善现有的价值主张和商业模式的同时，创建新的价值主张和商业模式。

后

记

术语表

(business) hypothesis　（商务）假设
成功实施你的创意必须全部或部分为真，但目前还未通过测试的东西。

business model　商业模式
一个组织如何创建、交付并捕获价值的理由。

business model canvas　商业模式画布
一种战略管理工具，用于设计、测试、构建和管理（可盈利的和可扩展的）商业模式。

call to action（CTA）　呼吁行动（CTA）
提示测试对象执行某项操作；被用于在一项实验里测试一个或多个假设。

customer development　客户的开发
史蒂夫·布兰克（Steve Blank）发明的四步创业法，通过不断与客户和利益相关者测试基本商业模式下的假设，减少创业中的风险和不确定性。

customer gains　客户收益
客户必须得到、期望、盼望或期待获得的成果和收益。

customer insight　客户洞察力
在理解客户需求上有轻微或重大突破，将帮助你更好地设计价值主张和商业模式。

customer pains　客户痛点
客户想要避免的坏结果、风险，因为这阻碍了客户更好完成他的工作。

customer profile　客户描述
构成价值主张画布右侧部分的商业工具。把你打算为客户的工作、痛点和客户收益（或利益相关者）所创造的价值可视化显示出来。

environment map　环境图
以战略远见工具来描绘你所设计、管理的价值主张和商业模式所处的商业环境。

evidence　证据
证明或证伪（商业）假设、客户的洞察力或关于价值主张、商业模式、环境的信仰。

experiment/test　实验/测试
证明或证伪价值主张、商业模式假设并产生证据的过程。

fit　契合
当你的价值图上的元素符合目标客户的相关的工作、痛点和收益，并有大量的客户采用你的价值主张，满足他们完成工作、减少痛点和获取收益。

gain creators　创造收益
描述产品和服务如何创造客户收益和帮助客户实现他们需要、期望、渴望或梦想通过完成一项工作所获得的成果和利益。

jobs to be done　需要完成的工作
客户在他们的工作和生活中需要什么，想要或渴望去做的是什么。

lean start-up　精益创业
埃里克·莱斯（Eric Ries）基于客户开发流程，以一种迭代的方式，通过不断创建、测试和学习，来消除产品开发过程中的浪费和不确定性。

learning card　学习卡
可以捕获从研究和实验中得到的洞察力的战略学习工具。

minimum viable product (MVP)　最小化可行产品（MVP）
一种产品原型特别旨在测试或证伪价值主张的一个或多个假设。

pain relievers　消除痛点
描述产品和服务是如何减轻客户痛点，主要通过消除或减少不良结局、风险和防止客户完成工作过程中出现的障碍。

products and services　产品和服务
你的价值主张的载体，比如你的客户可以在你的橱窗里看到的项目。

progress board　进展板
用战略管理工具来管理和监测商业模式和价值主张设计流程，并跟踪实现成功的价值主张和商业模型的进度。

prototyping (low/high fidelity)　原型（低/高仿真度）
建立快速、廉价和粗糙的研究模型，来了解可取性、可行性、可替代的价值主张和商业模式的可行性。

test card　测试卡
用战略测试工具来设计和构建你的研究和实验。

value map　价值图
构成价值主张画布左侧部分的商业工具。明确你的产品和服务如何通过减少痛点和创造收益来创造价值。

value proposition　价值主张
描述客户可以期望从你的产品和服务中得到的收益。

value proposition canvas　价值主张画布
设计、测试、生成和管理产品和服务的战略管理工具。充分结合商业模式画板。

value proposition design　价值主张设计
设计、测试、构建和管理价值主张生命周期的过程。

获得术语表的pdf

核心团队

伊夫·皮尼厄（Yves Pigneur）

辅导作者

崔西·帕帕达克斯（Trish Papadakos）

设计师

格雷格·贝尔纳达
（Greg Bernarda）

作者

亚历山大·奥斯特瓦德
（Alex Osterwalder）

首席作者
Strategyzer 联合创始人

艾伦·史密斯
（Alan Smith）

作者+ 创意总监
Strategyzer 联合创始人

泰根·莫尔　　　　萨拉·金
（Tegan Mierle）　（Sarah Kim）

布兰顿·安斯利　　马特·曼库索
（Brandon Ainsley）（Matt Mancuso）

试点的互动

图解团队

Strategyzer内容提供团队

本森·加纳（Benson Garner），
纳比拉·艾姆尔西（Nabila Amarsy）

Strategyzer产品团队

大卫·拉菲德（Dave Lougheed），汤姆·菲利普（Tom Phillip），
约安诺·吴（Joannou Ng），克里斯·霍普金（Chris Hopkins），
马特·布洛克（Matt Bullock），费德里科·加林多（Federico Galindo）

首批读者

我们实践我们所倡导的流程，即在我们的图书发行之前测试我们的想法。我们挑选来自世界各地的100多人作为首批读者，仔细检查我们的原始创作。我们收到了超过60条积极的建议。他们提出建议、精心校对，并毫无保留地指出了缺陷和不一致之处。在市场上进行测试书名备选方案之前，我们反复与首批读者讨论本书的书名。

Gabrielle Benefield
Phil Blake
Jasper Bouwsma
Frederic Briguet
Karl Burrow
Manuel Jose Carvajal
Pål Dahl
Christian Doll
Joseph Dougherty
Todd Dunn
Reinhard Ematinger
Sven Gakstatter
Jonas Giannini
Claus Gladyszak
Boris Golob
Dave Gray
Gaute Hagerup
Natasha Hanshaw
Chris Hill
Luke Hohmann
Jay Jayaraman
Shyam Jha
Greg Judelman
James King
Hans Kok
Ryuta Kono
Jens Korte
Jan Kyhnau
Michael Lachapelle
Ronna Lichtenberg
Justin Lokitz
Ranjan Malik
Deborah Mills-Scofield
Nathan Monk
Mario Morales
Fabio Nunes
Jan Ondrus
Aloys Osterwalder
Matty Paquay
Olivier Perez Kennedy
Johan Rapp
Christian Saclier
Andrea Schrick
Gregoire Serikoff
Aron Solomon
Peter Sonderegger
Lars Spicker Olesen
Matt Terrell
James Thomas
Paris Thomas
Patrick Van Der Pijl
Emanuela Vartolomei
Mauricio
Reiner Walter
Matt Wanat
Lu Wang
Marc Weber
Judith Wimmer
Shin Yamamoto

作者简介

亚历山大·奥斯特瓦德（Alex Osterwalder）

亚历山大·奥斯特瓦德博士是国际畅销书《商业模式新生代》的第一作者，充满激情的企业家、演讲者。其作为联合创始人的Strategyzer是一家专注于战略管理与创新工具和内容的软件公司。奥斯特瓦德博士发明了商业模式画布，作为一种设计、测试、构建和管理商业模型的战略管理工具，被可口可乐、通用电气、宝洁、万事达卡、爱立信、乐高和3M公司等广泛使用。他经常在顶尖公司和包括斯坦福大学、伯克利分校、麻省理工学院、IESE商学院、IMD在内的世界各地的顶尖大学里发表主题演讲。

伊夫·皮尼厄（Yves Pigneur）

伊夫·皮尼厄博士是《商业模式新生代》的合著者，洛桑大学信息系统管理教授。他曾在美国、加拿大和新加坡作为客座教授。伊夫经常在高校、大型企业、创业活动和国际会议中做有关商业模式的演讲。

格雷格·贝尔纳达(Greg Bernarda)

格雷格·贝尔纳达是一位思想家、创新家和引导者，帮助个人、团队和组织进行战略管理与创新。他与鼓舞人心的领导者一起工作，帮助员工、客户和社区设计他们的未来。他参与的项目包括大众、高露洁、凯捷、哈佛商学院。格雷格是一位演说家；他在北京开展了一系列关于可持续发展的研讨，并且是巴黎Utopies的顾问。在此之前，他曾长达8年作为世界经济论坛的成员，启动项目解决全球性问题。他拥有MBA（牛津大学Saïd）学位，并且是Strategyzer认证的商业模式教练。

艾伦·史密斯（Alan Smith）

艾伦痴迷于设计、商业以及我们进行商业设计做事的方式。作为一名经过设计训练的企业家，他的工作涉及电影、电视、手机、打印和网页领域。他曾在伦敦创办了The Movement公司，并在多伦多和日内瓦设有办事处。他帮助亚历山大·奥斯特瓦德和伊夫·皮尼厄设计了价值主张画布，并参与了《商业模式新生代》一书的设计。他们联合创办了Strategyzer，在那里他有一个令人惊叹的团队来构建工具和内容，帮助商务人士做客户想要的东西。

崔西·帕帕达克斯(Trish Papadakos)

崔西是一位设计师、摄影师和企业家。她拥有伦敦中央圣马丁设计硕士学位、纽约谢里登在多伦多的联合项目设计学士学位。她在她的母校任教设计，与获奖机构合作，创建了几家企业。这是她第三次与Strategyzer团队合作。

推荐阅读

商业模式新生代（经典重译版）
作者：（瑞士）亚历山大·奥斯特瓦德 等 ISBN：978-7-117-54989-5 定价：89.00 元
一本关于商业模式创新的、实用的、启发性的工具书

商业模式新生代（个人篇）：一张画布重塑你的职业生涯
作者：（瑞士）亚历山大·奥斯特瓦德 伊夫·皮尼厄 ISBN：978-7-111-38675-9 定价：89.00 元
教你正确认识自我价值，并快速制定出超乎想象的人生规划

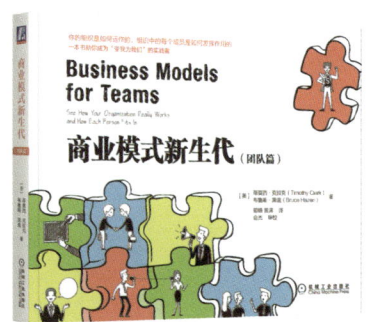

商业模式新生代（团队篇）
作者：（美）蒂莫西·克拉克 布鲁斯·黑曾 ISBN：978-7-117-60133-3 定价：89.00 元
认识组织，了解成员，一本书助你成为"变我为我们"的实践者

价值主张设计：如何构建商业模式最重要的环节
作者：（瑞士）亚历山大·奥斯特瓦德 等 ISBN：978-7-111-51799-3 定价：89.00 元
先懂价值主张，再设计商业模式。聚焦核心，才能创造出最优秀的模式